생각이 쑥쑥 크는 언어치료

저자약력

김정완 대구대학교 언어치료학과 교수 / 언어재활사 1급

강경미 강동대학교 의료청력재활과 초빙교수 / 언어재활사 2급

박성현 대구대학교 재활산업공학석사 졸 / 언어재활사 2급

상황이해·문제해결능력 향상
생각이 쑥쑥 크는 언어치료

초판 1쇄 발행 2020년 2월 3일
초판 2쇄 발행 2023년 6월 30일

지은이 김정완 · 강경미 · 박성현
발행인 채종준

출판총괄 박능원
책임편집 이강임
디자인 김예리
마케팅 문선영 · 전예리
전자책 정담자리
국제업무 채보라

브랜드 이담북스
주소 경기도 파주시 회동길 230 (문발동)
투고문의 ksibook13@kstudy.com

발행처 한국학술정보(주)
출판신고 2003년 9월 25일 제406-2003-000012호
인쇄 북토리

ISBN 978-89-268-9819-2 13370

62
Human
therapy

상황이해 · 문제해결능력 향상

생각이 쑥쑥 크는 언어치료

김정완 · 강경미 · 박성현 지음

학령기
아동편

이담
Books

이 책에 대하여 ·· ✿ ·· ◉ ·· ✿

피아제는 초기 아동 발달을 연구한 사람으로 널리 알려져 있다. 특히 7~12세 또는 그 이상 연령대 아동의 인지 발달을 연구하는 데 많은 시간을 들였다. 아동을 두 개의 연령 그룹으로 나누면, 크게 7~11세에 해당하는 구체적 조작기(Concrete operational stage) 그룹과 11세 이상의 형식적 조작기(Formal operational stage) 그룹이 있다. 구체적 조작기에 해당하는 초등학교 1~4학년 학생들은 학교 수업을 이해하기 위해 논리적으로 접근하려 하고, 어떤 사건에 대한 본인의 생각과 의견을 교환함으로써 학교와 집에서 개인적 결정을 내릴 수 있다. 이 단계에서 아이들은 그들의 생각과 행동을 더욱 면밀히 분석하고 자기 정체성에 대해 생각하기 시작한다. 형식적 조작기에 해당하는 초등학교 5학년 이상의 아이들은 미래에 일어날 일과 목표에 집중함으로써 복합적인 사고가 점차 증가하게 된다. 계획을 세우게 되고, 장기적으로 생각하기 시작한다. 또한 다른 사람과의 관계에 대해 조직적으로 생각하고 정치, 정의, 역사, 애국심과 같은 전반적인 문제들에 더 관심을 보인다. 고등학생들이 토론 팀을 나눠 사회문제를 심각하게 이야기하기 시작하고, 역사나 정치적 사안 등에 대해 글로 논쟁을 하는 것은 모두 이러한 형식적 조작기에 일어나는 변화들을 알려주는 것이다. 이를 통해 유년기에서 성인기로 접어들게 된다.

언어문제를 가진 학령기 아동 및 청소년들, 무엇이 문제인가?

언어문제를 가진 학령기 아동 및 청소년들은 언어 사용에 있어 여러 가지 어려움을 보이며, 그 양상은 뚜렷한 편이다.

▶ 발견되는 문제 징후

- 사회적인 언어 규칙을 이해하기 어렵고, 주의 집중력이 떨어짐.
- 다른 청자와 또는 사회적인 상황에서 효과적으로 언어를 사용하는 것이 어려움.
- 대개 미래 시제(예: ～ㄹ, −겠), 접속사, 복합문, 수식어와 관련된 문법특성을 잘 사용하지 못함.
- 제한된 어휘만을 이해하고 사용함.
- 이해를 돕기 위해 부가적인 정보를 요청하는 데 어려움을 보임.
- 너무 일반적인 질문을 하여 정보를 더 얻는 데 도움이 안 됨.
- 간접적인 요청이나 애매한 진술, 비유적 표현 등을 이해하는 데 어려움을 보임.
- 언어 사용의 어려움을 감추기 위해 교실을 웃음바다로 만드는 행동을 함.
- 물건, 과제 등을 잘 잊어버림.
- 또래와 그룹활동을 잘 하지 않으려 함.
- 단어 찾기, 추상적 언어, 지시하기, 다의어 사용, 배열하기, 조직하기, 생각을 표현하기 등에서 어려움을 보임.
- 상황에 부적절한 언어나 어조를 구사하여 주위 사람의 감정을 상하게 할 수 있음.
- 마음 속으로 해야 할 말과 겉으로 할 수 있는 말의 경계가 없음.

이 책은 치료 현장에서 언어 사용에 문제를 갖고 있는 학령기 아동 및 청소년들이 좀 더 원활히 의사소통할 수 있도록 도와줄 수 있을 것이다. 왜냐하면 고차원적인 생각의 문맥에서 언어를 가르치는 것은 아이들이 좀 더 깊이 사고하고, 주의 깊게 판단할 수 있는 사람으로 변모하게끔 만들기 때문이다. 꾸준한 학습과 반복 연습을 통해 언어 사용에 문제를 가진 학령기 아동 및 청소년들이 적절하게 향상된 사고 기술을 반영하는 언어를 사용하게 될 것이다.

순서 파악하기   비교 및 대조하기   질문하고 답하기

문제를 확인하고   핵심정보 파악하기   추론하고
해결방법 제시하기   결과 설명하기

관점을 해석하고   통합적으로 생각하기
내 생각 전달하기

▶ **문제해결이란?**

문제해결자의 현재 상태와 도달해야 하는 목표 상태의 차이를 인식하고 그 차이를
유발시키는 장애물을 해소시키는 활동이다(이석재 등, 2003).

▶ **문제해결능력이란?**

이러한 차이를 신속하고 효과적으로 해소시킬 수 있는 지적·창의적 능력이다. 따라
서 질문에 대한 대답과 문제에 대한 해결을 생각하고 추리하여 발견하는 것(Walsh,
1980)과, 학습 상황에서, 자동적인 해결책을 가지지 못할 때 목표를 성취하기 위해
노력하는 것을 의미한다(Schunk, 2004). 또한 창의성과 더불어 고등정신 기능의 일
종으로, 문제를 읽고 올바른 풀이방법을 찾아내는 능력도 문제해결능력이라 할 수
있다. 즉, 당면한 문제에 대하여 창의적인 사고를 활용하여 새로운 해결방법을 생각
해내고, 비판적 사고를 활용하여 적절한 행동방법을 결정하게 된다.
그러므로 『생각이 쑥쑥 크는 언어치료』에서는 순서화, 비교 및 대조, 질문 및 대답,
문제 확인 및 해결방법 제시, 핵심정보 파악, 추론 및 결과 설명, 관점 해석 및 견해
전달, 통합적 사고 등의 하위 목표하에 문제를 읽고 풀이방법을 창의적으로 생각하
고 해결방법을 제시해봄으로써 학령기 아동 및 청소년들에게 필요한 언어적 문제해
결능력을 함양해보고자 한다.

목차

1

순서화

순서화 기술이 뛰어난 학생들은 사물과 생각을 빠르게 논리적으로 조직화할 수 있다. 이러한 능력은 주어진 조건들을 점차 증가하거나 감소하는 방향으로 나열할 수 있는 것을 의미한다. 주어진 조건에는 다음과 같은 것들이 있다.

숫자	크기	무게
밀도	유용성	키
음도	양	길이
'가나다' 순서	단계	강도
거리	중요도	시간
빈도	가치	

순서화 과정에는 분명한 순서가 정해져 있다. 가령, 아침 등교 준비 상황에서 신발 신기보다는 양말을 신는 것이 더 먼저 일어나는 사건이다. 병원 응급실 상황에서는 독감 환자보다 교통사고로 쓰러진 환자가 더 긴급한 사건이다.

학교 상황에서 아이들이 접하게 되는 수학문제, 원인을 이해하기, 역사적 사건의 결과, 과학 실험하기 등에서 이러한 사건의 순서화를 계속적으로 필요로 한다. 그러므로 치료 시, 주어진 조건의 순서를 이해하고 판단하는 것을 가르쳐 주어야만 한다. 이때 우리가 아이들에게 할 수 있는 질문에는 다음과 같은 것들이 있다.

- 어떠한 일이 더 먼저 발생했니?
- 어떠한 것을 더 먼저 해야 하니?
- 무엇이 가장 중요하니?
- 가장 짧은 것부터 순서대로 말해볼래?
- 가장 큰 것부터 순서대로 말해볼래?
- 그 일이 일어나고 난 후 가장 먼저 해야 하는 것은 무엇이니?

언어재활사는 학생들이 스스로 체계화하는 과정을 습득하고, 본인이 원하는 대로 생각이나 행동을 순서화할 수 있도록 지도해주어야 한다. 본인에게 주어진 과제를 순서화하는 것은 학습에도 도움을 주지만, 무엇보다 생산적인 삶을 영위하고, 통제와 조절을 잘하도록 돕는다. 또한 주어진 사물이나 개념의 가치에 대해 우선순위를 매기는 것은 학생 스스로 행동과 타인과의 관계에서 올바른 선택을 하도록 도와준다.

다음의 사건들을 가장 먼저 있었던 순서대로 배열해보세요.

1

__ __ __ __ __ __ __ 꽃

__ __ __ __ __ __ __ 씨앗

__ __ __ __ __ __ __ 새싹

2

__ __ __ __ __ __ __ 부채

__ __ __ __ __ __ __ 선풍기

__ __ __ __ __ __ __ 에어컨

3

__ __ __ __ __ __ __ 양초

__ __ __ __ __ __ __ 태양열 에너지

__ __ __ __ __ __ __ 전기

4

__ __ __ __ __ __ __ 삼국시대

__ __ __ __ __ __ __ 조선시대

__ __ __ __ __ __ __ 대한민국

-------- 공책

-------- 파피루스

-------- 노트북

-------- 박정희 대통령

-------- 이명박 대통령

-------- 문재인 대통령

-------- 뗏목을 타고 강을 건넌다.

-------- 19세기에 기계를 사용한 증기선이 개발되었다.

-------- 엄마는 내일 쾌속 유람선을 타고 부산에서 홍콩으로 여행을 가신다.

-------- 우리나라는 일제강점기에서 해방되었다.

-------- 세종대왕은 훈민정음을 창제하였다.

-------- 민주적인 투표를 통해 대통령을 선출하였다.

9

--------- 라디오

--------- TV

--------- 전보

10

--------- 병사들은 활을 쏘아 적들을 공격했다.

--------- 우방국들은 핵전쟁을 막기 위해 동맹을 맺는다.

--------- 무사들은 소총으로 배 위의 적군들을 물리쳤다.

11

--------- 나비

--------- 애벌레

--------- 번데기

12

--------- 삐삐

--------- 공중전화

--------- 스마트폰

_____ 보일러를 틀면 방이 따뜻해진다.

_____ 태양열 에너지를 모아 겨울에도 난방을 틀 수 있다.

_____ 아궁이에 불을 땔 때 구들장을 따뜻하게 한다.

_____ 아파트

_____ 기와집

_____ 초가집

_____ 글라이더

_____ 우주선

_____ 헬리콥터

_____ LED(발광 다이오드)

_____ 형광등

_____ 촛불

✏️ 각 지시사항에 따라 순서대로 번호를 적어보세요.

1 음이 가장 낮은 순서대로 적어보세요.

-------- 파   -------- 솔

-------- 레   -------- 도

-------- 미

2 크기가 가장 큰 순서대로 적어보세요.

-------- 스마트폰

-------- 데스크톱 컴퓨터

-------- 노트북

3 가장 응급상황인 것부터 순서대로 적어보세요.

-------- 심장마비

-------- 모기에 물린 것

-------- 칼에 손이 베인 것

-------- 넘어져서 다리가 부러진 것

4. 가장 값이 싼 것부터 비싼 순서대로 적어보세요.

_ _ _ _ _ _ _ _ 롤러블레이드

_ _ _ _ _ _ _ _ 줄넘기

_ _ _ _ _ _ _ _ 오토바이

_ _ _ _ _ _ _ _ 헬리콥터

_ _ _ _ _ _ _ _ 인공위성

5. 태양에서 가장 가까운 행성부터 순서대로 적어보세요.

_ _ _ _ _ _ _ _ 화성

_ _ _ _ _ _ _ _ 지구

_ _ _ _ _ _ _ _ 금성

_ _ _ _ _ _ _ _ 목성

_ _ _ _ _ _ _ _ 천왕성

6. 국토 면적이 가장 작은 나라부터 순서대로 적어보세요.

_ _ _ _ _ _ _ _ 미국

_ _ _ _ _ _ _ _ 호주

_ _ _ _ _ _ _ _ 일본

_ _ _ _ _ _ _ _ 대한민국

7 우리나라 성씨 중에 가장 많은 순서대로 적어보세요.

_ _ _ _ _ _ _ _ _ _ 김씨

_ _ _ _ _ _ _ _ _ _ 류씨

_ _ _ _ _ _ _ _ _ _ 이씨

_ _ _ _ _ _ _ _ _ _ 최씨

_ _ _ _ _ _ _ _ _ _ 권씨

8 가장 먼저 일어난 날을 순서대로 적어보세요.

_ _ _ _ _ _ _ _ _ _ 오늘

_ _ _ _ _ _ _ _ _ _ 내일

_ _ _ _ _ _ _ _ _ _ 그저께

_ _ _ _ _ _ _ _ _ _ 어제

_ _ _ _ _ _ _ _ _ _ 모레

9 가장 먼저 일어난 날을 순서대로 적어보세요.

_ _ _ _ _ _ _ _ _ _ 올해

_ _ _ _ _ _ _ _ _ _ 내후년

_ _ _ _ _ _ _ _ _ _ 작년

_ _ _ _ _ _ _ _ _ _ 내년

_ _ _ _ _ _ _ _ _ _ 재작년

크기가 가장 작은 공부터 순서대로 적어보세요.

- - - - - - - 축구공

- - - - - - - 농구공

- - - - - - - 탁구공

- - - - - - - 테니스공

우리나라에서 개최된 국제대회를 가장 빨리 일어난 순서대로 적어보세요.

- - - - - - - 한 · 일월드컵

- - - - - - - 88올림픽

- - - - - - - 평창 동계올림픽

- - - - - - - 2011 대구 세계육상선수권

돈을 보관하기에 가장 안전한 순서대로 적어보세요.

- - - - - - - 지갑

- - - - - - - 바지 뒷주머니

- - - - - - - 은행 금고

- - - - - - - 저금통

13 먹이사슬의 상위에 있는 것부터 순서대로 적어보세요.

- - - - - - - - 쥐

- - - - - - - - 옥수수

- - - - - - - - 뱀

- - - - - - - - 독수리

14 다리의 수가 적은 것부터 순서대로 적어보세요.

- - - - - - - - 오리

- - - - - - - - 지네

- - - - - - - - 거미

- - - - - - - - 고양이

15 무게가 무거운 순서대로 적어보세요.

- - - - - - - - 냉장고

- - - - - - - - 탱크

- - - - - - - - 자전거

- - - - - - - - 열쇠

19

다음은 우리가 일상생활에서 자주 접하게 되는 일들입니다. 정확한 순서에 따라 빈칸에 차례대로 번호를 써 넣으세요.

개구리의 성장과정을 순서대로 적어보기

_____	알이 부화한다.
_____	앞다리가 나온다.
_____	개구리가 된다.
_____	뒷다리가 나온다.
_____	꼬리가 짧아진다.

제일 빨리 방영하는 TV 프로그램을 순서대로 적어보기

_____	〈그것을 알려주마〉	화요일, 오후 10시
_____	〈뉴스데스크〉	수요일, 오전 7시
_____	〈솔로몬의 비밀〉	금요일, 오후 9시
_____	〈어머나! 이럴 수가〉	금요일, 오후 7시
_____	〈뛰어서 세계 속으로〉	월요일, 오후 5시
_____	〈종합병동 24시〉	목요일, 오전 1시
_____	〈여기는 코리아〉	목요일, 오전 6시

3 전화번호부에서 제일 먼저 나오는 이름 순서대로 적어보기(가나다순)

_____	김철수	_____	윤예준
_____	고민남	_____	김철민
_____	서갑숙	_____	소지연
_____	오민욱		

4 야채 샌드위치를 만드는 순서대로 적어보기

_____ 달궈진 프라이팬에 식빵을 올려 굽는다.

_____ 구운 식빵 양면에 마요네즈를 바른다.

_____ 봉지에서 식빵을 2장 꺼낸다.

_____ 야채와 햄 위에 겨자소스를 뿌린다.

_____ 식빵 위에 야채와 햄을 올려놓는다.

5 국어사전에서 가장 먼저 나오는 단어 순서대로 적어보기(가나다순)

_____	더위	_____	떡잎
_____	과거시험	_____	순환
_____	환자		

6 나의 생일파티 여는 방법을 순서대로 적어보기

_____ 내 생일파티가 있기 이틀 전, 반 친구들에게 초대장을 돌린다.

_____ 초대장에 초대의 글을 적는다.

_____ 케이크에 불을 붙이고 친구들이 축하 노래를 불러준다.

_____ 생일파티가 열리는 날, 친구들이 우리 집으로 모인다.

_____ 파티 전날, 생일파티 때 먹을 음식들을 마트에 가서 구입한다.

7 목욕하는 방법을 순서대로 적어보기

_____ 몸에 묻은 비누거품을 물로 씻어낸다.

_____ 몸에 묻은 물기를 수건으로 닦는다.

_____ 속옷을 새것으로 갈아입는다.

_____ 스펀지나 때수건에 비누를 발라 몸 구석구석을 닦는다.

_____ 몸에 물을 적신다.

8 제일 빨리 방영하는 TV 프로그램을 순서대로 적어보기

_____	〈영화 만만세〉	토요일, 5/12, 오후 2시
_____	〈내 고향 찾아 삼만리〉	월요일, 5/14, 오후 7시
_____	〈영상기록 365일〉	금요일, 5/11, 오전 11시
_____	〈유한도전〉	일요일, 5/6, 오후 5시
_____	〈어깨동무〉	일요일, 5/13, 오전 9시 30분
_____	〈뉴스속보〉	월요일, 5/14, 오후 6시

9 라면 끓여 먹는 방법을 순서대로 적어보기

- - - - - -   익은 라면을 대접에 부어 김치와 함께 먹는다.

- - - - - -   냄비에 물을 붓고 가스레인지 위에 올려놓는다.

- - - - - -   슈퍼마켓에 가서 먹고 싶은 라면을 구입한다.

- - - - - -   라면 위에 달걀을 깨뜨려 넣는다.

- - - - - -   물이 끓으면 라면과 수프를 넣는다.

10 돈의 액수가 적은 순서부터 적어보기

- - - - - -   만육천백 원

- - - - - -   15,000원

- - - - - -   1,500원

- - - - - -   삼만십 원

- - - - - -   27,000원

- - - - - -   삼천이백 원

11 가장 가벼운 순서부터 적어보기

- - - - - -   1kg

- - - - - -   1g

- - - - - -   1t

- - - - - -   mg

12 학교에서 아플 때 대처하는 방법을 순서대로 적어보기

_____ 철수가 머리가 아파서 열이 난다.

_____ 선생님께 아프다고 말하고 조퇴를 한다.

_____ 병원 예약접수를 한 다음 진찰을 받는다.

_____ 간호사가 주사를 놓는다.

_____ 처방전을 받는다.

_____ 약국에 가서 약을 짓는다.

13 위급상황에 대처하는 방법을 순서대로 적어보기

_____ 효종이는 산에서 쓰러져 있는 할머니를 발견했다.

_____ 할머니가 등산을 하다가 독사에 물려 쓰러진다.

_____ 효종이는 119에 신고를 한다.

_____ 119가 도착하기 전까지, 효종이는 할머니 곁을 지킨다.

14 두꺼운 것부터 순서대로 적어보기

_____ 국어대사전

_____ 공책

_____ 셀로판지

_____ 교과서

다음의 문장을 읽고, 일이 일어난 순서대로 빈칸 안에 번호를 적어 넣어 보세요.

4 그릇에 담아 먹는다.

2 라면과 스프를 넣는다.

3 계란을 깨서 넣고 젓가락으로 저어준다.

1 물을 끓인다.

_____ 일요일 아침, 자리에서 일찍 일어났다.

_____ 목사님의 설교를 듣고 기도를 하였다.

_____ 엄마, 아빠와 손을 잡고 교회에 갔다.

_____ 기도가 끝나고 점심밥을 먹었다.

_____ 운전자들은 차에서 내려 망가진 부분을 살펴보았다.

_____ 차를 운전하고 가다가 앞차와 부딪혔다.

_____ 사고를 낸 운전자는 경찰서에 전화를 걸었다.

_____ 경찰이 다녀가고 난 후, 카센터에 차 수리를 맡겼다.

_____ 드라이버로 나사를 조였다.

_____ 의자 아래쪽 다리를 보니, 나사 하나가 풀려져 있었다.

_____ 편안하게 다시 의자에 앉았다.

_____ 의자에 앉으려고 하는데, 갑자기 의자가 흔들거렸다.

_____ 텔레비전을 보고 있는데 갑자기 화면이 지지직거리며 나오지 않았다.

_____ 다시 텔레비전 화면이 잘 나왔다.

_____ 먼저 텔레비전 윗부분을 퉁퉁 쳐 보았다.

_____ 그래도 화면이 잘 보이지 않아 집 밖에 나가서 안테나를 만졌다.

_____ 민수는 신나게 컴퓨터 게임을 하고 놀았다.

_____ 성적표가 나왔는데 빵점을 맞았다.

_____ 시험문제를 푸는데, 답을 잘 몰라 어려웠다.

_____ 엄마께 성적표를 보여드리자 화를 내셨다.

_____ 연아가 청바지를 입었는데, 갑자기 엉덩이 아래쪽이 찢어졌다.

_____ 엄마가 실과 바늘로 꿰매주셨다.

_____ 엄마가 연아의 생일날, 청바지를 선물해 주셨다.

_____ 연아는 꿰맨 바지를 입고 즐거워하였다.

_____ 형과 동생은 편안한 표정으로 침대 위에서 잠을 잤다.

_____ 아빠가 나무판에 못질을 해서 부러진 나무판을 고쳐주셨다.

_____ 갑자기 침대 가운데 부분이 부러지면서 무너졌다.

_____ 형과 동생이 침대 위에서 쾅쾅 뛰며 권투놀이를 하였다.

_____ 식구들은 수제비를 끓여서 잘 익은 깍두기와 함께 맛있게 먹었다.

_____ 아빠가 땀을 흘리며 무를 뽑았다.

_____ 엄마가 무를 썰어 깍두기를 담갔다.

_____ 아빠가 텃밭에 씨를 뿌렸다.

_____ 부푼 튜브 안에 물을 부었다.

_____ 소진이는 신나게 물속에서 놀았다.

_____ 소진이는 생일선물로 큰 튜브를 선물받았다.

_____ 엄마가 튜브에 바람을 넣었다.

_____ 아빠가 긴 수염을 만지며 거울을 보고 있다.

_____ 비누 거품을 얼굴에 바르고 있다.

_____ 면도기로 수염을 깎고 있다.

_____ 아빠가 깨끗한 얼굴로 화장실에서 나오셨다.

_____ 미용사가 엄마의 머리를 물로 헹궈낸다.

_____ 미용사가 엄마의 머리에 로트를 말고 있다.

_____ 드라이로 머리를 말리고 있다.

_____ 엄마의 머리가 뽀글뽀글 파마머리로 변했다.

_____ 아빠가 나무와 망치, 못, 그리고 페인트를 갖고 오셨다.

_____ 새집을 페인트로 색칠하였다.

_____ 나무 위에 완성된 새집을 놓았다.

_____ 나무판에 못을 박아 새집을 만들었다.

_____ 가족들이 함께 세차를 하고 있다.

_____ 가족들은 모두 울상을 지었다.

_____ 그런데 갑자기 황사비가 내렸다.

_____ 깨끗하게 닦아 놓은 자동차가 더러워졌다.

그러자, 세면대 위로 물이 넘쳐흘렀다.

남자는 수도꼭지를 틀어 놓은 채 화장실에서 나왔다.

남자는 황급히 돌아와 수도꼭지를 잠그고, 바닥을 걸레로 닦았다.

남자는 세면대에서 세수를 하였다.

엄마는 아이를 포근하게 껴안아주었다.

미아보호소에서 안내방송을 하였다.

아이가 놀이공원에서 엄마를 잃어버렸다.

엄마가 놀란 표정으로 미아보호소로 뛰어 들어왔다.

도훈이가 서커스 공연을 보고 있다.

집으로 돌아온 도훈이는 자신의 자전거를 들고 집 밖으로 나갔다.

도훈이는 자전거에서 떨어져 팔을 다쳤다.

서커스에서 본 것처럼 도훈이도 두 손을 놓고 자전거를 탔다.

민영이는 크리스마스 카드를 썼다.

수진이에게 보낼 카드를 우체통에 넣었다.

우체부가 카드를 편지함에 넣었다.

수진이는 민영이한테서 온 카드를 편지함에서 꺼냈다.

다음 보기를 보고 순서에 맞게 문장을 배열한 후, 연결된 글로 완성하세요.

시험을 치다, 엄마한테 혼나다, 성적표가 나오다

얼마 전 학교에서 시험을 쳤는데, 오늘 성적표가 나왔다.

성적표를 엄마께 보여드리자마자 많이 혼났다.

1

감기에 걸리다, 약을 먹다,
병원에 가다, 이불을 덮지 않다

2

물뿌리개로 물을 주다, 씨앗을 심다,
삽으로 땅을 파다, 나무가 자라다

29

엄마가 우산을 가지고 오다, 우산 없이 학교에 가다,
새벽부터 날씨가 꾸물거리다, 비가 오다

좌석번호를 확인하고 앉다, 새로운 영화가 개봉하다,
영화표를 예매하다, 영화를 재미있게 보다

김치가 알맞게 익다, 싱싱한 배추를 사다,
소금을 뿌려 절이다

✏️ 다음 단어를 사건의 순서에 맞게 배열한 후, 이어진 문장으로 완성하세요.

1

환승, 승차, 하차

2

종목별 시상식, 폐막식, 개막식

3

먹구름, 소나기, 해

모내기, 추수, 타작

입학, 여름방학, 기말고사, 봄소풍

현충일, 3·1절, 광복절, 어린이날

7

군인, 고등학생, 회사원, 유치원생

8

기상, 취침, 이불개기, 학교

9

탈의실, 샤워실, 해수욕장

✏️ 다음에 나온 사건을 읽고 난 후, 맞는 답을 적어보세요.

1820년, 영국은 세계경제를 휘어 잡고 있다. 세계 어디를 가나 온통 영국 제품뿐이다. 인도인들은 영국제 면직물로 만든 옷을 입고 거리를 거닐며, 남아메리카의 주민들은 영국산 비누로 세수를 한다.

영국은 산업혁명에 의해 대형공장에서 기계로 상품을 만들어내고 있고, 여기서 만들어진 제품들은 세계 시장에서 차지하는 점유율이 40%에 달한다. 1819년 싱가포르는 영국의 식민지가 됨에 따라 인도와 중국에까지 상품을 팔려고 하는 영국에게 중요한 길목을 내주었다.

가장 마지막에 일어난 일은 무엇인가요?

① 영국은 인도와 중국에 상품을 팔려고 한다.

② 싱가포르는 영국의 식민지가 되었다.

③ 영국 제품들은 세계 시장에서 차지하는 점유율이 40%에 달한다.

다음 중 읽은 사건과 잘 맞는 것에 V 표시를 하세요.

_____ 영국은 대형공장에서 사람들이 상품을 만들어낸다.

_____ 영국인들은 인도제 면직물로 만든 옷을 입고 다닌다.

_____ 남아메리카 주민들은 영국산 비누로 세수를 한다.

1945년 8월 15일, 드디어 일본이 항복했다는 소식이 김구에게 전해졌습니다. 김구는 꿈에도 그리던 고국으로 돌아올 수 있었습니다. 무려 27년 만이었습니다. 그러나 해방의 기쁨도 잠시, 신탁통치에 반대한 김구는 위험을 무릅쓰고 조국 통일을 위해 삼팔선을 넘어갔습니다.

그러나 1948년 8월 15일, 남과 북이 갈라진 채 남쪽에만 단독정부가 수립되었습니다. 그러다 1949년 6월 26일 백범 김구 선생은 한 발의 요란한 총소리와 함께 숨을 거두고 말았습니다. 나라의 큰 별 하나가 그렇게 지고 말았습니다.

1 가장 마지막에 일어난 일은 무엇인가요?

① 남쪽에만 단독정부가 수립되었다.

② 1949년 김구 선생은 사망하였다.

③ 김구 선생은 27년 만에 고국으로 돌아왔다.

2 다음 중 사건을 읽고, 알 수 있는 내용은 무엇인가요?

① 군대는 김구를 체포하였다.

② 백범 김구 선생은 칼에 맞아 목숨을 잃고 말았다.

③ 일본이 항복한 후 김구는 고국으로 돌아올 수 있었다.

하루는 청년이 일을 하러 가는 척하고 몰래 숨어서 집 안을 지켜보았습니다. 그랬더니 물독에서 우렁이가 나와 고운 ㉠아가씨로 변하였습니다. 아가씨는 밥을 짓고 빨래도 하고 방 안도 쓸고 닦았습니다.

"선녀처럼 아름답구나. 나와 같이 살면 얼마나 좋을까?"

청년은 집으로 돌아가서 아가씨를 붙잡았습니다.

"나와 같이 삽시다."

"아직은 때가 아닙니다. 사흘만 기다려 주세요."

마침내 ㉡사흘이 지나고 아가씨와 청년은 결혼을 하였습니다.

청년은 우렁 각시와 한시도 떨어지려 하지 않았습니다. 보다 못한 우렁 각시가 종이에 자기 얼굴을 곱게 그려 주었습니다. 청년은 그 그림을 나무에 걸어 두고 허리 한 번 펼 때마다 그림을 봤습니다.

"우리 각시가 보고 있다 생각하고 열심히 일해야지."

우렁이가 청년을 위해 한 일 중 가장 마지막에 한 것은 무엇인가요?

① 자신의 얼굴을 그려주었다.

② 물독에서 나와 고운 아가씨로 변했다.

③ 밥을 짓고 빨래를 하였다.

2 ○<u>사흘</u>은 며칠을 뜻하는 것인가요?

① 2일

② 3일

③ 4일

3 이 글을 읽고 알 수 있는 내용으로 가장 적절하지 않은 것은?

① 아가씨는 원래 우렁이다.

② 청년은 아가씨의 외모가 빼어나다고 생각한다.

③ 아가씨는 청년을 만난 지 삼 년 만에 결혼했다.

④ 결혼 후 둘은 같이 지냈다.

4 ○<u>아가씨</u>와 비슷한 말이 아닌 것은?

① 처녀

② 낭자

③ 계집아이

④ 사내

엠파이어스테이트 빌딩은 외벽이 가볍습니다. 이 외벽은 중앙 구조물에 부착되어 있으면서 건물의 벽을 둘러싸고 있습니다. 이런 식의 건축 방법은 19세기 말에 철 구조물 주위에 건물들을 지으면서 처음으로 사용되었습니다. 그전까지는 건물이 점차 높아짐에 따라 외벽도 따라서 두꺼워져야 했습니다.
하지만 새로운 방법이 사용되자 높이를 감당

하기 위해 외벽이 더 이상 두꺼워질 필요가 없어 건축가들은 더욱더 높은 마천루를 설계할 수 있게 되었습니다. 마천루란 '하늘에 닿는 집'이라는 뜻으로 아주 높게 지은 고층 건물, 특히 미국 뉴욕의 고층 건물을 가리킵니다.
에펠탑이나 엠파이어스테이트 빌딩은 먼저 조립식 부품을 만든 다음 커다란 기중기로 끌어올리는 방법을 사용했습니다.

에펠탑이나 엠파이어스테이트 빌딩을 만들 때 제일 처음 한 것은 무엇인가요?

① 기중기로 끌어올리기

② 조립식 부품 만들기

③ 마천루를 두껍게 만들기

다음 내용 중 위의 설명과 맞는 것은?

① 18세기에는 건물이 점차 높아질수록 외벽을 가볍게 만들었다.

② 1층 주택의 지붕도 마천루라고 할 수 있다.

③ 건축 방법이 변화하면서 건축가들은 더 높은 고층건물을 설계하였다.

허준은 1546년 3월 5일, 공암에서 무인 집안의 아들로 태어났습니다. 할아버지는 무과 출신으로서 경상도 우수사를 지낸 허곤이었으며, 아버지는 평안도 용천에서 부사를 지낸 허륜이었습니다. 허준은 글 읽기를 좋아했지만, 정실부인에게서 태어난 적자가 아니라 다른 부인에게서 태어난 서자였기 때문에 문과에 응시할 수 없었습니다. 그런데 열심히 공부하고 있던 허준에게 안방마님이 찾아와서 책을 모두 불살랐습니다. 서러움에 북받친 허준과 어머니는 그 고장을 떠났습니다.

1 가장 마지막에 일어난 일은 무엇인가요?

① 안방마님이 책을 모두 불살랐다.

② 1546년 3월 허준이 태어났다.

③ 허준과 어머니는 고장을 떠났다.

2 다음 중 읽은 사건으로 알 수 있는 내용은 무엇인가요?

① 서자는 문과에 응시할 수 없다.

② 서자는 정실부인에게서 태어난 자식이다.

③ 서자와 적자 모두 문과에 응시할 수 있다.

3 적자와 서자의 차이는 무엇인가요?

----

4 허곤과 허준은 어떤 관계인가요?

① 부자   ② 손자   ③ 형제   ④ 자매

다음 문단을 읽고 글의 순서에 맞게 배열하세요.

1

(가)

"오늘 밤 재 너머 장자네 집에 제사가 든다네. 제사 음식 얻어먹으러 가세."

"가고는 싶네마는 여기는 손님들이 들어서 못 가겠네."

"손님하고 같이 가면 안 되겠나?"

"아, 그럼 그렇게 할까?"

그러더니 이쪽 무덤에서 흰옷 입은 귀신이 스르르 나와. 나와서는 이 사람이 있는 곳으로 슬슬 다가오더니, 이 사람 머리에다 능텅 감투를 하나 덜렁 씌워 주고는 따라오라고 손짓을 해. 능텅 감투를 쓰면 사람의 눈에는 안 보여.

(나)

옛날 옛적, 어떤 사람이 길을 가다가 날이 저물었는데, 인가를 못 찾아 산속 무덤 옆에서 하룻밤을 자게 되었어. 누워서 잠이 막 들려고 하는데, 멀리서 "어이, 김 생원." 하고 부르는 소리가 나지 뭐야. 깜짝 놀라 가만히 들어 보니까, 바로 이 사람이 자던 무덤 속에서 "왜 그러나?" 하고 대답하는 소리가 들려. 그러고 보니 밤중에 무덤 속 귀신들이 주고받는 소리야. 그게 무섭기도 하지만 재미있기도 해서 귀를 기울여 들어 보았지.

(다)

귀신들은 재를 풀풀 넘어서 마을로 내려가더니, 마을에서 가장 큰 기와집으로 들어갔어. 들어가 보니 제사를 지내는 사람들이 방 안에 가득 모였는데, 아무도 그 사람을 못 봐. 능텅 감투를 써서 그렇지. 이 숨은 귀신들과 함께 제사상 앞에 앉아서 제사 음식을 이것저것 집어 먹었어. 그런데 귀신들이 먹는 음식은 하나도 줄어들지를 않는데 이 사람이 집어먹는 음식은 표가 나게 줄어들었지. 제사를 지내는 사람들은 제사를 지내다 말고 모두 기절초풍을 하지. 그러나마나 이 사람은 제사상에 놓은 음식을 실컷 집어 먹었어.

▶   ▶

2

(가)

마침내 여러 도둑들이 그를 칭찬하자, 아들 도둑은 슬그머니 자만심이 생겼다. 그래서 어느 날, 아버지에게 자랑삼아 이렇게 말했다.

"이제 저의 기술은 아버지에 비해 조금도 손색이 없습니다. 게다가 힘도 아버지보다 더 세니, 이런 실력이면 무슨 일인들 못하겠습니까?"

(나)

그러자 아비 도둑이 말했다.

"아직 멀었다. 지혜란 배워서 되는 것이 아니다. 스스로 터득하는 데서 나오는 것이다. 다시 말해, 스스로 터득한 지혜가 있어야 한다는 말이다. 너는 아직 멀었다."

그 말을 들은 아들이 다시 아비에게 대들었다.

(다)

옛날에 어떤 도둑이 있었다. 그는 아들에게 자기의 기술을 모두 가르쳐 주었다. 그랬더니 얼마 지나지 않아 아들은 자기의 재주가 아버지보다 낫다고 생각하였다. 훔치러 들어갈 때면 늘 아버지보다 앞서 들어갔고, 나올 때에는 아버지보다 나중에 나왔으며, 보잘것없는 것은 버리고 값진 것만 가지고 나왔다. 게다가 귀는 멀리서 나는 작은 소리도 잘 들을 수 있었고, 눈은 어둠 속까지 꿰뚫어 볼 수 있었다.

▶▶

(가)

첫 번째 무리의 사람들은 꼼짝도 하지 않은 채 배에 남아 있었다. 그들은 '배에서 내려 섬을 돌아보는 사이에, 순풍이 불어 배가 떠나 버리면 어떡하나?' 하는 걱정을 하였다. 또, 섬이 비록 아름답지만 목적지에 빨리 가는 것이 더 급했기 때문에 배에 남아 있기로 했던 것이다. 두 번째 무리의 사람들은 재빨리 섬에 내렸다. 그러고는 향기로운 꽃 냄새를 맡고, 녹음이 짙은 나무 그늘 밑에서 기막히게 맛좋은 열매를 따 먹었다. 그러나 원기를 되찾자마자 곧 배로 돌아왔다.

(나)

어떤 배가 항해를 하고 있는 도중에 심한 폭풍우를 만났다. 그 배는 그만 뱃길을 잃고 말았다. 이튿날 아침이 되었다. 바다는 다시 잠잠해졌고, 배는 아름다운 포구가 있는 어느 섬에 닿아 있었다. 사람들은 포구에 닻을 내리고 잠깐 쉬기로 하였다. 그 섬에는 온갖 울긋불긋한 꽃들이 피어 있었다. 또, 곳곳에 과일이 달린 나무들이 아름다운 녹음을 드리우고 있었으며, 새들이 정답게 지저귀고 있었다. 배의 승객들은 다섯 명씩 네 무리로 짝을 지어 행동하기로 했다.

(다)

세 번째 무리의 사람들도 섬에 내렸다. 이들은 긴장을 풀고 섬에 오랫동안 머물러 있었다. 그러다가 갑자기 너무 오래 지체를 해서 배가 떠났을지도 모른다는 생각을 하게 되었다. 그래서 허둥지둥 돌아오느라고 그만 소지품을 잃기도 하고, 배 안의 좋은 자리를 놓치기도 하였다. 네 번째 무리의 사람들도 섬에 내렸다. 그러나 그들은 너무 많이 먹고 지나치게 들떠 있었던 나머지, 배가 출항하면서 울린 기적 소리마저 듣지 못하였다. 섬에 남겨진 그들은 맹수들에 잡아먹히기도 하고, 더러는 독이 든 열매를 먹고 병이 들어 죽고 말았다.

2

비교 및 대조

비교 및 대조

비교 및 대조 기술은 학생들이 눈앞에 제시된 사물이나 사건, 사람 등에 대해 유사점과 차이점을 인지하는 것을 의미한다. 종종 교실 상황에서는 어떤 사물이나 사건들에 대해 비교와 대조 기술을 사용하여 설명을 해보거나, 작문을 하게 되는 경우가 있다. 이러한 과제들은 단순히 묘사하거나 요약하는 차원을 넘어 비판적으로 검토해보는 능력을 요구하므로 학생 스스로 더욱 비판적으로 사고하도록 촉진할 수 있다. 따라서 언어재활사는 학생들이 비교할 대상을 더 깊이 이해하고 사고할 수 있도록 일상생활에서 주어지는 사물, 사건 등의 유사점과 차이점에 대해 함께 이야기 나누고, 연습하는 과정을 제공해야 한다.

교실 상황에서는 벤다이어그램, 막대도표, 원도표 등을 사용하여 유사점, 차이점, 그리고 공통점을 보여주고자 한다. 따라서 언어적인 자료 못지않게 이러한 그래픽 자료에 대한 이해도 선행된다면 학생들이 더욱 효과적으로 비교와 대조 기술을 사용할 수 있을 것이다.

또한 두 개의 사물에 대해 다음과 같은 질문들을 해봄으로써 두 사물에 관련된 정보들을 파악할 수 있다.

사물: 가위, 칼

무엇을 할 때 사용할 수 있나요?	종이를 자를 때
무엇으로 만들어졌나요?	철
무엇을 할 때 사용되나요?	가위는 천을 자를 때, 칼은 음식재료를 다듬을 때
누가 사용하나요?	가위는 누구나 다, 칼은 주로 어른들만 사용
어디에서 볼 수 있나요?	가위는 공부방 책상에서, 칼은 부엌에서

앞에 제시된 5개의 질문 중 특히 마지막 세 개의 질문은 공통점, 유사점이 아닌 가위와 칼을 구별하기 위한 특성을 파악하는 내용들이다. 언어재활사는 학생과의 활동에서 이러한 질문들을 자주 활용함으로써 비교 및 대조 기술을 익히게 할 수 있다.

✏️ 다음의 달력을 보고 '어제', '지금', 그리고 '내일'을 배워봅시다.

월	화	수	목	금	토	일
1	2	3	4	5 가을소풍	6 민수 생일잔치	7 수영장 가기
8	9 미술학원 가기	10 피아노학원 가기	11 태권도학원 가기	12	13	14

1 10월 6일, 오늘은 민수의 생일잔치 날입니다. 어제 나는 무엇을 했나요?
내일, 일요일에는 무엇을 할 건가요?

----

2 오늘은 10월 10일 수요일입니다. 어제는 미술학원에 다녀왔어요. 오늘은 어떤 학원에
가야 하나요? 또 내일은 어떤 학원에 가야 하죠?

다음 예시와 같이 시제에 맞게 문장을 고쳐 써 보세요.

읽다

(어제) **나는 어제 책을** 읽었다.
(지금) **나는 지금 책을** 읽고 있다. / **나는 지금 책을** 읽는 중이다.
(내일) **나는 내일 책을** 읽겠다. / **나는 내일 책을** 읽을 것이다.

1 만들다

나는 어제 종이배를 만들었다.

나는 지금 종이배를 _____.

나는 내일 종이배를 _____.

2 하다

나는 어제 청소를 _____.

나는 지금 청소를 하고 있다.

나는 내일 청소를 _____.

3 주다

나는 어제 꽃밭에 물을 _____.

나는 지금 꽃밭에 물을 _____.

나는 내일 꽃밭에 물을 줄 것이다.

4 먹다

나는 어제 밥을 _____.

나는 지금 밥을 _____.

나는 내일 밥을 _____.

5 가다

나는 어제 소풍을 _____ .

나는 지금 소풍을 _____ .

나는 내일 소풍을 _____ .

6 사다

나는 어제 공책을 _____ .

나는 지금 공책을 _____ .

나는 내일 공책을 _____ .

7 닦다

나는 어제 책상을 _____ .

나는 지금 책상을 _____ .

나는 내일 책상을 _____ .

8 쓸다

나는 어제 마당을 _____ .

나는 지금 마당을 _____ .

나는 내일 마당을 _____ .

9 꿰매다

나는 어제 뜯어진 옷을 _____ .

나는 지금 뜯어진 옷을 _____ .

나는 내일 뜯어진 옷을 _____ .

✎ 적당한 시제(어제, 지금, 내일)를 넣어 문장을 완성해 보세요.

1 나는 ＿＿＿＿＿＿＿＿＿＿ 청소를 하였다.

2 나는 ＿＿＿＿＿＿＿＿＿＿ 밥을 먹겠다.

3 나는 ＿＿＿＿＿＿＿＿＿＿ 청소를 하겠다.

4 나는 ＿＿＿＿＿＿＿＿＿＿ 새장을 만들었다.

5 나는 ＿＿＿＿＿＿＿＿＿＿ 배드민턴을 치는 중이다.

6 나는 ＿＿＿＿＿＿＿＿＿＿ 방청소를 할 것이다.

7 나는 ＿＿＿＿＿＿＿＿＿＿ 꽃밭에 물을 주었다.

8 나는 ＿＿＿＿＿＿＿＿＿＿ 음악회에 가려고 한다.

9 나는 ＿＿＿＿＿＿＿＿＿＿ 꽃밭에 물을 주고 있다.

10 나는 ＿＿＿＿＿＿＿＿＿＿ 공책을 샀다.

11 나는 ＿＿＿＿＿＿＿＿＿＿ 파스텔을 사겠다.

12 나는 ＿＿＿＿＿＿＿＿＿＿ 화초에 물을 주고 있는 중이다.

✏️ 불러주는 문장을 듣고 맞았는지 틀렸는지 얘기해 보세요. 그리고 어떻게 고치면 될지 옆에 적어 보세요.

1 나는 어제 친구를 만나겠습니다. _____

2 다음 주말에 무슨 만화영화를 보았니? _____

3 앞으로 시간이 있을 때마다 음악을 듣습니다. _____

4 어제 유치원 선생님께서 집으로 전화를 거셨습니다. _____

5 잠시 후 백화점에 도착했습니다. _____

6 저는 어제 도서관에서 책을 읽습니다. _____

7 친구는 지금 놀이터에 나왔습니다. _____

8 내일은 내 생일이라 친구들이 놀러올 것입니다. _____

9 그 집에 갔다 왔는데 아이들만 있겠습니다. _____

10 어제 컴퓨터가 고장 나서 고칩니다. _____

11 내일 현아네 집에 놀러 갔습니다. _____

12 어제는 유치원에서 소풍을 갑니다. _____

✏️ 우리는 일상생활에서 외래어를 많이 써요. 글을 읽고, 외래어를 찾아 동그라미 해 보세요.

오늘 엄마, 아빠와 같이 전자제품 마트에 갔습니다. 1층 매장에 가보니, 내가 좋아하는 오락기와 컴퓨터가 있었습니다. 에스컬레이터 옆쪽으로는 시원한 바람이 나오는 에어컨과 선풍기가 있었고, 큰 텔레비전과 냉장고도 있었습니다. 오늘은 세일을 하는 날이라서 물건 값을 많이 깎아준다고 합니다.

우리 가족은 이번 여름을 시원하게 보내기 위해 에어컨을 주문했습니다. 엄마는 카드로 계산을 하셨습니다. 이틀 후에는 우리 집에도 에어컨이 생길 거예요.

점심이 되어, 우리 가족은 지하에 있는 음식 코너로 갔습니다. 나는 맛있는 불고기 햄버거를 먹었고, 엄마와 아빠는 콜라와 피자를 드셨습니다. 후식으로는 딸기 아이스크림을 사먹었습니다.

집으로 돌아온 후 아빠와 나는 침대에서 낮잠을 잤습니다. 그 사이, 엄마는 부엌에서 요리를 하셨습니다. 쿨쿨 자고 있던 도중, 타는 냄새가 나서 잠에서 깼습니다. 부엌으로 나가보자, 프라이팬 위에 있던 고구마가 타고 있는 것이었어요. 나는 급하게 불을 끄고, 엄마를 찾았습니다.

엄마는 외출을 하셨는지 계시지 않았습니다. 나는 엄마한테 전화를 걸었습니다. 그러자, 엄마가 받으셨어요. "엄마, 고구마가 다 타버렸어요." 그러자, 엄마는 "그래? 놀랐겠구나. 간식을 먹을 수 없게 되었으니, 오븐에 만두를 데워 줄게. 엄마는 지금 버스 안이야. 곧 집에 갈게."

전화를 끊고, 집 밖으로 나갔습니다. 집 앞 도로에서 무슨 공사를 하고 있는지, 레미콘과 트럭이 몇 대 서 있고, 길에는 '공사중'이라는 팻말도 있었습니다. 옆집 할머니도 나오셔서 구경을 하고 계십니다. 멀리서 엄마가 쇼핑백을 들고 오시는 모습이 보입니다. 그 사이 엄마는 또 쇼핑을 하고 오셨나 봐요.

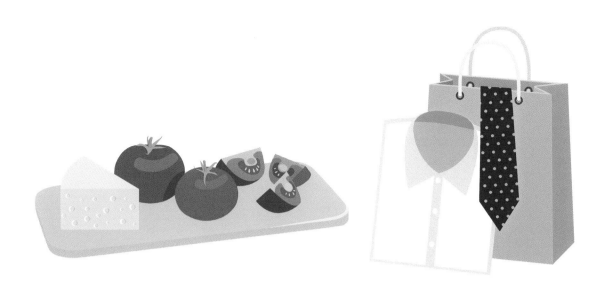

"영수야, 저녁에 엄마가 스파게티 만들어 줄게. 엄마가 마트에 가서 토마토랑 치즈를 사왔어." 집으로 들어와 엄마는 사 오신 물건들을 꺼내 놓으셨습니다. 그중에는 아빠가 출근할 때 매시는 넥타이와 하얀 와이셔츠도 있었습니다. "날이 더워져서 반팔 와이셔츠를 샀단다. 아빠가 출근하실 때 이제는 시원하실 거야." 엄마는 환하게 웃으시며 말씀하셨어요.

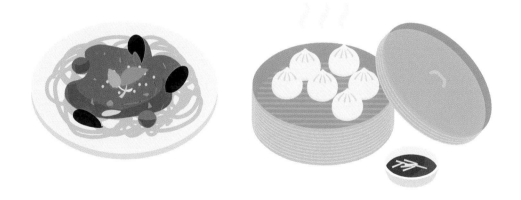

엄마는 토마토 소스를 만들고, 스파게티 면을 삶아 맛있는 토마토 스파게티를 만들어주셨어요. 지금 오븐에서는 만두가 데워지고 있지요. 맛있는 냄새가 솔솔 나고, 항상 환하게 웃는 우리 집이 제일 좋아요.

✏️ 다음의 단어를 이용해서 글을 지어 보세요.
   (단어를 이용해서 문장을 만들고, 얘기해 보세요.)

★ 예시 ★

시리다

우리 할머니는 찬물을 드시면 항상 이가 시리다고 말씀하신다.

1 어지럽다

2 가득 차다

3 홀쭉하다

4 창피하다

5 부럽다

다음의 단어를 이용해서 글을 지어 보세요.
(단어를 이용해서 문장을 만들고, 얘기해 보세요.)

새콤달콤하다

엄마가 마트에서 새콤달콤한 오렌지를 사오셨다.

1 거칠거칠하다

2 낑낑거리다

3 게으르다

4 짜증나다

5 당황하다

✎ 다음의 단어를 이용해서 글을 지어 보세요.
  (단어를 이용해서 문장을 만들고, 얘기해 보세요.)

무덥다
여름에는 장마가 끝나고 나면, 무더운 날씨가 계속된다.

1 날쌔다

---

2 반질반질하다

---

3 징그럽다

---

4 초조하다

---

5 붐비다

✎ 다음의 단어를 이용해서 글을 지어 보세요.
  (단어를 이용해서 문장을 만들고, 얘기해 보세요.)

품다
암탉이 닭장 안에서 달걀 5개를 품고 있다.

1 시들시들하다

----

2 창피하다

----

3 큼직하다

----

4 우렁차다

----

5 상쾌하다

박스 안에 있는 낱말을 보고, 다른 종류의 낱말을 하나 찾아 동그라미 해 보세요.

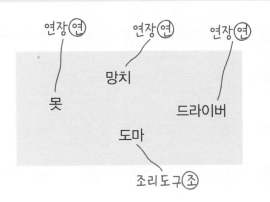

연장 (연)

연장 (연)

연장 (연)

망치

못

드라이버

도마

조리도구 (조)

〈문제 푸는 요령〉

연장으로 사용되는 것은 연장의 앞글자인 '연'을 적어 보세요.

조리도구로 사용되는 것은 조리도구의 앞글자인 '조'를 적어 보세요.

그러면 같은 종류의 낱말들끼리 묶이게 돼요. 남은 하나의 낱말은 다른 종류이겠죠?

1.

냉장고

텔레비전

에어컨

식탁

2.

바나나

토마토

사과

파인애플

3.

비누

샴푸

치약

공책

4.

아이스크림

우유

콜라

주스

5.

아파트

초가집

빌라

박물관

6.

공작

두루미

제비

잠자리

60

박스 안에는 다른 종류의 낱말이 하나씩 있습니다.
그 낱말을 찾아 동그라미 해 보세요.

1

침대 컴퓨터

책상

의자 옷장

2

지우개 만년필

볼펜

연필 사인펜

3

세숫대야 주전자

냄비 프라이팬

솥

4

블라우스 서류가방

면도기 구두

넥타이

5

돈가스

탕수육

샐러드

삼겹살 통닭

6

에어컨 부채

난로

얼음 선풍기

7

안경

파자마

팬티 반바지

치마

8

주걱

핀셋 믹서

국자

뒤집기

박스 안에는 다른 종류의 낱말이 하나씩 있습니다.
그 낱말을 찾아 동그라미 해 보세요.

1

메뚜기　　매미

고슴도치

꿀벌　　풍뎅이

2

하마　　　　타조

코끼리　　　호랑이

3

유모차　　기저귀

보행기　　젖병

도시락

4

연필깎이　　텔레비전

컴퓨터

프린터기

오디오

5

망치

나사　　　드라이버

젖병

물감　　펜치

6

커피　　　주스

물

얼음

우유

7

스키

모래찜질

얼음낚시　　썰매

스케이트

8

지팡이

립스틱

중절모자

돋보기

62

상자 안을 보세요. 맨 위에 나와 있는 단어와 관련 없는 것을 찾아 번호에 동그라미 해 보세요.

풍선

① 날아가다 ② 터지다

③ 늘어나다 ④ 바람 넣다

⑤ 깨지다 ⑥ 소리나다

해

① 이글거리다 ② 쨍쨍 내리쬐다

③ 뜨겁다 ④ 재가 되다

⑤ 무덥다 ⑥ 땀나다

화장실

① 닦다 ② 보다

③ 자다 ④ 씻다

⑤ 감다 ⑥ 누다

이불

① 자다 ② 덮다

③ 포근하다 ④ 두껍다

⑤ 듣다 ⑥ 따뜻하다

바다

① 고요하다 ② 흐르다

③ 파랗다 ④ 뜨다

⑤ 깊다 ⑥ 먹다

쓰레기

① 슬프다 ② 분리하다

③ 더럽다 ④ 넣다

⑤ 치우다 ⑥ 버리다

아기

① 울다 ② 업다

③ 재롱부리다 ④ 안다

⑤ 쌓다 ⑥ 먹다

테이프

① 붙이다 ② 구기다

③ 끈적끈적하다 ④ 포장하다

⑤ 자르다 ⑥ 끊다

상자 안을 보세요. 맨 위에 나와 있는 단어와 관련 없는 것을 찾아 번호에 동그라미 해 보세요.

종이

① 찢다　　② 쓰다

③ 얇다　　④ 하얗다

⑤ 켜다　　⑥ 구기다

약

① 아프다　　② 먹다

③ 바르다　　④ 쓰다

⑤ 부르다　　⑥ 짓다

불

① 뜨겁다　　② 이글거리다

③ 미지근하다　　④ 끄다

⑤ 데이다　　⑥ 피우다

전기

① 감전되다　　② 꽂다

③ 움직이다　　④ 켜지다

⑤ 깜깜하다　　⑥ 찢어지다

눈

① 말랑말랑하다　　② 녹다

③ 하얗다　　④ 만들다

⑤ 차갑다　　⑥ 춥다

창문

① 열다　　② 닦다

③ 깨지다　　④ 섞다

⑤ 깨끗하다　　⑥ 닫다

안경

① 털다　　② 검안하다

③ 깨끗하다　　④ 깨지다

⑤ 부러지다　　⑥ 보다

자동차

① 떠나다　　② 앉다

③ 내리다　　④ 고치다

⑤ 밟다　　⑥ 운전하다

상자 안을 보세요. 맨 위에 나와 있는 단어와 관련 없는 것을 찾아 번호에 동그라미 해 보세요.

나뭇잎

① 바스락거리다 ② 쓸다

③ 붉다 ④ 밟다

⑤ 구르다 ⑥ 떨어지다

머리카락

① 치다 ② 감다

③ 잡아당기다 ④ 자르다

⑤ 말리다 ⑥ 묶다

물

① 깎다 ② 쏟아지다

③ 투명하다 ④ 넘치다

⑤ 마시다 ⑥ 흐르다

칼

① 찌르다 ② 아프다

③ 날카롭다 ④ 갈다

⑤ 베이다 ⑥ 켜다

배

① 아프다 ② 꺼지다

③ 부르다 ④ 고프다

⑤ 두드리다 ⑥ 그치다

요리

① 끓이다 ② 삶다

③ 튀기다 ④ 넘다

⑤ 데우다 ⑥ 자르다

공부

① 노력하다 ② 외우다

③ 숨다 ④ 보다

⑤ 풀다 ⑥ 읽다

공

① 튕기다 ② 뾰족하다

③ 차다 ④ 넣다

⑤ 동그랗다 ⑥ 던지다

✏️ 부정어의 쓰임을 알아봅시다. 어떻게 사용하는지 빈칸에 적어 보세요.

부정어 '안'

1 공부하기 싫다.　　▷　　공부 _____ 해!

2 키가 잘 크지 않는다.　　▷　　키가 _____ 커.

3 밥을 먹기 싫다.　　▷　　밥 _____ 먹어.

4 눈이 오지 않는다.　　▷　　눈이 _____ 와.

5 새로 산 풀이 잘 붙지 않는다.　　▷　　풀이 잘 _____ 붙어.

부정어 '못'

1 이가 아프다. 그래서　　▷　　딱딱한 음식을 씹지 _____ 한다.

2 물고기는 물속에서만 산다. 그래서　　▷　　물 밖에서는 살지 _____ 한다.

3 돈을 펑펑 쓰면　　▷　　돈을 모으지 _____ 한다.

4 아빠가 밤늦게까지 연락이 없으셔서　　▷　　엄마가 주무시지 _____ 했다.

5 오른손을 다쳐서　　▷　　오른손으로 밥을 먹지 _____ 한다.

✏️ 맞는 것을 찾아 빈칸에 넣어 보세요.

부정어   **안** / **못**

1 나는 왜 이렇게 공부를 _____ 할까?

2 나는 아침에 늦잠을 자서 학교에 제시간에 _____ 갔다.

3 형은 시험공부가 잘 _____ 된다며 컴퓨터 오락을 하고 있다.

4 일기예보에서 말한 것과 달리 비가 _____ 온다.

5 공부를 열심히 하지 않으면 훌륭한 사람이 되지 _____ 한다.

6 나는 노래를 잘 부르지 _____ 해서 음악시간이 제일 싫다.

7 나는 오늘 시험이 있어서 어제 통 잠을 _____ 잤다.

8 나는 배탈이 나서 찬 음식을 먹지 _____ 한다.

9 장사가 잘 _____ 되는지 마트에 가면 물건이 쌓여 있다.

10 나는 배탈이 나서 밀가루 음식을 먹으면 _____ 된다.

11 이 컴퓨터는 고장이 나서 작동이 _____ 된다.

다음 박스 안의 의문사를 적당한 곳에 넣어 보세요.

누구   어디   무엇   언제   왜

1 어제 지각한 사람이 _____지?

2 그 바지는 _____에서 샀어요?

3 방학은 _____ 하나요?

4 _____ 때문에 혼났니?

5 _____ 그 친구랑 놀지 않니?

6 _____를 가는데 그렇게 급히 가?

7 공부는 _____ 이렇게 어려울까?

8 여기가 _____지?

9 _____ 나 키가 큰 건 아니야.

10 선생님한테 _____ 혼났어?

맞는 것을 박스 안에서 찾아 빈칸에 써 넣어 보세요.

| 누구 | 어디 | 무엇 | 어떤 | 어느 | 얼마 | 몇 |

1 배가 고파서, _____ 이든지 먹을 수 있을 것 같아.

2 너는 _____ 갔다 왔니?

3 이것은 _____ 음식이야?

4 오늘 손님이 _____ 분 오시나요?

5 _____ 동안 유치원에 다녔니?

6 _____ 친구가 반장이 될까?

7 저 인형은 _____ 정도 할까?

8 지금 _____ 시죠?

9 아저씨, 이거 _____ 나 해요?

10 _____ 에게 물어보면 될까?

✏️ 존대 표현이 맞는 것을 골라 빈칸 안에 동그라미를 치세요.

1 선생님께서 저기 간다.   - - - - - - - -
              가십니다.   - - - - - - - -
              가요.   - - - - - - - -

2 할아버지가 우리 집에 오셨습니다.   - - - - - - - -
                왔습니다.   - - - - - - - -
                왔어.   - - - - - - - -

3 우리 할머니는 나이가 많아.   - - - - - - - -
              연세가 많아.   - - - - - - - -
              연세가 많으셔.   - - - - - - - -

4 아버지! 할머니께서 집에 왔습니다.   - - - - - - - -
        할머니가 집에 옵니다.   - - - - - - - -
        할머니께서 집에 오셨어요.   - - - - - - - -

5 내 동생은 젖병으로 우유를 드신다.   - - - - - - - -
                  잡수신다.   - - - - - - - -
                  먹는다.   - - - - - - - -

6 할머니가 감기에 걸리셔서 많이 아파.   - - - - - - - -
                편찮으셔.   - - - - - - - -
                편찮아.   - - - - - - - -

7 아버지! 할머니께서 집에 왔습니다.   - - - - - - - -
        할머니가 집에 옵니다.   - - - - - - - -
        할머니께서 집에 오셨습니다.   - - - - - - - -

70

예시와 같이 괄호 안의 단어를 적당한 자리에 넣어 보세요.

나는, 자전거를, 샀습니다 (멋진)

나는 멋진 자전거를 샀습니다.

1 보여요, 제주도가 (저 멀리)

_____

2 드렸습니다, 엄마는, 아빠에게, 양말을 (헌)

_____

3 우리, 저녁밥을, 먹습니다, 가족은, 일곱 시에 (늘)

_____

4 할아버지는, 신문을, 화장실에서, 보십니다 (항상)

_____

5 항상, 합니다, 민수는, 공부를 (대충)

_____

괄호 안의 단어를 적당한 자리에 넣어 문장을 완성해 보세요.

1 창문은, 베란다의, 열린다, 항상 (저절로)

---

2 강아지는, 우리 집, 문다, 내 동생을 (가끔)

---

3 이번에, 옷은, 산, 이쁩니다, 헌 옷보다 (새로)

---

4 노는데, 우리 형아는, 매일, 잘 볼 수 있을까?, 시험을 (과연)

---

5 우리 마트에서, 인기있는, 이 로보트가, 제품입니다 (가장)

---

6 많다, 인기가, 예쁜, 얼굴이, 소라는 (항상)

---

7 키가, 내 동생은, 올해, 컸다 (부쩍)

✎ 다음 빈칸에 알맞은 말을 박스에서 골라 써 넣어 보세요.

서로   훨씬   좀   모두   부쩍   일찍   항상   정말

1 시험이 내일인데, 공부를 많이 못했어. _____ 큰일이야.

2 손과 발은 _____ 깨끗해야 돼.

3 엄마와 아빠는 _____ 사랑해요.

4 약속시간보다 _____ 가 있어.

5 흰 눈이 내리니까, 산과 들이 _____ 아름답다.

6 _____ 도우면서 하면 숙제를 빨리 끝낼 수 있다.

7 요즈음 아빠가 _____ 야위셨어요.

8 마트에 _____ 가면, 신선한 야채를 살 수 있다.

9 형이 동생보다 _____ 똑똑하다.

10 바쁘지 않으면, _____ 기다려 봐.

11 이 강아지보다 저 강아지가 _____ 예뻐.

✏️ 앞에 나온 단어(부사)와 어울리는 문장을 찾아보세요.

그 일은 결코 어렵습니다.   -----------

            쉽습니다.   -----------

            쉽지 않습니다.   ○

1 오늘 날씨가 별로 춥습니다.   - - - - -

            춥지 않습니다.   - - - - -

            덥습니다.   - - - - -

2 놀이공원에 놀러가 본 지 오래되지 않았어요.   - - - - -

                  오래되었어요.   - - - - -

                  상당히 지나지 않았어요.   - - - - -

3 부모님과 한 약속은 결코 기억하겠다.   - - - - -

                잊겠다.   - - - - -

                잊으면 안 된다.   - - - - -

4 담임선생님이 나를 혼내실 줄은 전혀 알았다.   - - - - -

                    몰랐다.   - - - - -

                    알 수 있다.   - - - - -

5 밤에는 절대 혼자 돌아다녀도 된다.   - - - - -

              돌아다니면 안 된다.   - - - - -

              갈 수 있다.   - - - - -

✏️ 다음 박스 안의 대명사를 적당한 곳에 넣어 보세요.

나　내　저　너　네　제

1 ＿＿＿네＿＿＿ 가 할 일을 남에게 미루지 마.

2 ＿＿＿＿＿＿＿가 내 동생을 때렸니?

3 ＿＿＿＿＿＿는 잘 몰라요.

4 ＿＿＿＿＿＿가 먼저 들어가면 나도 들어갈게.

5 선생님, ＿＿＿＿＿＿가 한 게 아니에요.

6 ＿＿＿＿＿＿도 내 친구처럼 형아가 있었으면 좋겠어.

7 할아버지, ＿＿＿＿＿＿손을 붙잡으세요.

8 ＿＿＿＿＿랑 ＿＿＿＿＿＿랑 같이 가자.

9 ＿＿＿＿＿＿는 엄마한테 이르지 않았어. 아마 내 동생이 그랬을 거야.

10 저기 앉아 있는 ＿＿＿＿＿＿아이가 이번에 새로 전학 온 아이야..

✏️ 다음 박스 안의 대명사를 적당한 곳에 넣어 보세요.

나   내   저   너   네   우리   제

1 ___나___ 는 너보다 키가 커.

2 _____가 영희니?

3 _____가 먼저 집에 갈게.

4 안녕하세요. _____는 김도현입니다. 서울에 살아요.

5 _____는 김진현이에요. 제 동생입니다.

6 _____에게 무슨 일이 생기면 _____한테 알려줘.

7 _____혼자서 할 수 없으니까 _____들이 다 같이 도와줄게.

8 _____사람은 왜 자리에 앉지 않나요?

9 _____가 서로 힘을 합하면 뭐든지 할 수 있다.

10 _____가 먼저 먹어. 그러면 _____도 먹을게.

다음의 글 속에는 글자는 같지만, 뜻이 다른 낱말이 있습니다. 같은 뜻을 갖고 있는 낱말들을 찾아 묶어보세요.

하늘에서 하얀 눈이 펑펑 쏟아지고 있다. 나는 고개를 들어 내려오는 눈을 바라보았다. 그러자 내 눈 속으로 차가운 눈이 떨어졌다. 나는 순간 눈을 질끈 감았다.

1 깜깜한 밤이 되었는데 아직 아빠가 퇴근을 안 하셨다. 엄마는 내가 먹을 간식을 만들어 주시기 위해 냄비에 밤을 넣고 삶으셨다. 그때, 아빠가 집에 돌아오셨다. 그런데 아빠는 한 손에 따뜻한 밤을 사갖고 들어오셨다. 우리 가족은 밤을 먹으며 즐거운 밤을 보냈다.

2 나는 엄마한테 꼭 한번 제주도에 가보고 싶다고 말했었다. 엄마는 나중에 데려가 주시겠다고 약속하셨다. 우리 가족은 이번 여름방학 때 제주도에 놀러 간다. 거기에 가서 회도 먹고, 말도 타봐야겠다. 나는 키가 작으니까, 큰 말보다는 작은 말을 타야겠다. 내가 말한 대로 이루어져서 너무 기쁘다.

3 추석이 되어 배 상자가 선물로 들어왔다. 그 안에는 황토색 빛깔의 예쁜 배들이 가지런히 놓여 있었다. 엄마는 예쁜 배를 세 개 꺼내 냉장고에 보관하시고, 나머지 배는 깎아서 아빠와 나에게 주셨다. 달콤한 배를 많이 먹은 나는 볼록하게 나온 배를 두드리며, "다음에 또 깎아주세요."라고 말하였다.

다음의 글 속에는 글자는 같지만, 뜻이 다른 낱말이 있습니다. 같은 뜻을 갖고 있는 낱말들을 찾아 묶어보세요.

1. 약국에 가서 감기약을 샀다. 약사는 하루에 세 번, 식후에 먹으라고 써 주었다. 나는 약사가 써 준 대로 집에 와서 밥을 먹고 난 후, 약을 한 알 먹었다. 약이 너무 써서 물을 벌컥벌컥 들이마셨다. 우리 형은 이렇게 쓴 약도 잘 먹는 걸 보면, 참 대단하다.

2. 수업 시간에 열린 창문 사이로 벌이 날아 들어왔다. 나는 벌이 어디로 날아가는지 구경을 하였다. 그 벌은 빙글빙글 돌다가 선생님 블라우스 위에 앉았다. 나는 "선생님, 등에 벌이 붙었어요." 하고 소리를 질렀다. 내가 장난을 치는 거라고 생각하신 선생님은 교실 뒤에 나가 서 있으라고 하시며 벌을 주셨다.

3. 엄마는 생선을 굽고 나서는 항상 가시를 발라 살만 나에게 주신다. 나는 내가 직접 생선을 발라 먹지 않아도 되니까 너무 편하고 좋다. 오늘도 엄마는 고등어를 구워서 가시를 발라주셨다. 그러자 옆에 앉아 팔꿈치에 연고를 바르던 형이 잔소리를 하였다. "엄마, 어린애도 아닌데, 가시 발라주지 마세요."

4. 가족들과 함께 양떼목장에 갔다. 하얀 털을 가진 양들이 무리지어 다니고 있었다. 이렇게 많은 양의 양들이 몰려다니는 것은 처음 보았다. 이 양들은 한 번에 얼마나 많은 양의 밥을 먹는지 궁금하였다. 그래서 양들을 따라 우리 안으로 들어가 보았다. 한 마리의 양이 내가 아침으로 먹은 밥 한 그릇보다 더 많은 양을 먹고 있었다. 우리는 양떼목장에서 기념사진도 찍고 재미난 시간을 보내고 왔다.

다음 주어진 보기를 보고 벤다이어그램을 완성하세요.

1

필기도구, 쓰다, 지우다, 딱딱하다, 말랑말랑하다

연필   **지우개**

쓰다   지우다

필기도구

딱딱하다   말랑말랑하다

2

발 네 개, 물속에서도 산다, 양서류, 꼬리가 있다, 곤충이 주식이다

개구리   **악어**

3

엔진, 타는 것, 바퀴 네 개, 페달

자전거   오토바이

4

과일, 두꺼운 껍질, 줄무늬, 나무에 열린다, 씨

수박   사과

✏️ 다음 보기처럼 주어진 단어의 동의어 또는 유의어를 모두 고르세요.

✦✦✦✦✦✦ ★ 보기 ★ ✦✦✦✦✦✦

완쾌 : 통쾌, (완치,) 유쾌, 완성

1. **얼굴 :** 안면, 낯짝, 인품, 수족, 가죽

2. **여자 :** 여성, 계집, 사내, 자녀, 부모

3. **가끔 :** 흔히, 이따금, 때때로, 항상, 늘

4. **달리다 :** 기다, 질주하다, 넘다, 건너다, 구르다

5. **사람 :** 인간, 짐승, 유인원, 좀비

6. **폐 :** 허파, 간, 쓸개, 콩팥

7. **동네 :** 마을, 뒷산, 시장, 골목길

8. **부엌 :** 간, 주방, 마당, 수라간, 사랑방

9. **목숨 :** 생명, 수명, 인연, 사고, 전생

10. **다투다 :** 싸우다, 뒤집다, 경쟁하다, 출동하다, 분쟁하다

11. **책방 :** 서점, 문방구, 매점, 책장

12. **참여 :** 불참, 방관, 참가, 출장

13. **시선 :** 눈길, 무관심, 직선, 눈초리

14. **가면 :** 탈, 가발, 얼굴, 민낯, 인형

▶ 동의어 : 뜻이 같은 말
　유의어 : 뜻이 서로 비슷한 말

다음 왼쪽 단어의 반의어를 찾아 선을 그어보세요.

겉	거짓
여자	안
원인	소비
생산	남자
진실	결과
수직	존댓말
반말	단점
장점	운문
산문	수평
안전	위험

✏️ 다음 보기처럼 주어진 단어의 반의어를 써보세요.

1

겉 : 안

① 평범 _____   ⑥ 수요 _____

② 여자 _____   ⑦ 수직 _____

③ 원인 _____   ⑧ 반말 _____

④ 생산 _____   ⑨ 장점 _____

⑤ 진실 _____   ⑩ 안전 _____

2

소극 : 적극

① 이론 _____   ⑥ 애국자 _____

② 용감하다 _____   ⑦ 공평 _____

③ 산문 _____   ⑧ 똑똑하다 _____

④ 단점 _____   ⑨ 증가 _____

⑤ 입체적 _____   ⑩ 긴장하다 _____

다음 보기를 보고 알맞은 반의어를 찾아 쓰세요.

1

불공평하다, 암컷, 증가하다, 비난, 결과

① 수컷　　————————————

② 칭찬　　————————————

③ 공평하다　　————————————

④ 원인　　————————————

⑤ 감소하다　　————————————

2

춥다, 온말, 창조하다, 반대, 또렷하다

① 찬성　　————————————

② 모방하다　　————————————

③ 덥다　　————————————

④ 흐릿하다　　————————————

⑤ 반말　　————————————

3

원수, 늘다, 풍부, 후퇴, 걱정

① 은인   --- --- --- --- --- --- --- --- --- ---

② 부족   --- --- --- --- --- --- --- --- --- ---

③ 안심   --- --- --- --- --- --- --- --- --- ---

④ 줄다   --- --- --- --- --- --- --- --- --- ---

⑤ 전진   --- --- --- --- --- --- --- --- --- ---

4

조상, 자주, 순간, 음지, 간단하다

① 영원   --- --- --- --- --- --- --- --- --- ---

② 후손   --- --- --- --- --- --- --- --- --- ---

③ 가끔   --- --- --- --- --- --- --- --- --- ---

④ 복잡하다   --- --- --- --- --- --- --- --- --- ---

⑤ 양지   --- --- --- --- --- --- --- --- --- ---

다음 빈칸에 알맞은 반의어를 적어보세요.

1 그는 용감하게 그 자리를 나섰습니다.

그는 _____ 그 자리를 나섰습니다.

2 영수는 독특한 사람입니다.

영수는 _____ 사람입니다.

3 우리 가족은 물을 낭비합니다.

우리 가족은 물을 _____.

4 적들을 보고 전진합니다.

적들을 보고 _____.

5 철수는 소극적으로 친구에게 인사했습니다.

철수는 _____ 친구에게 인사했습니다.

6 그 미로는 매우 복잡했습니다.

그 미로는 매우 _____.

7 엄마가 만들어준 비행기는 입체적이었습니다.

엄마가 만들어준 비행기는 _____.

8 상자를 수직으로 놓았습니다.

상자를 _____ 놓았습니다.

✎ 다음 보기와 같이 단어의 반의어를 찾아서 적고, 그 뜻이 드러나도록 짧은 글을 지어보세요.

✦ 보기 ✦

춥다 : 덥다

여름은 언제나 덥다.

1 한가하다 : _____

_____

2 평평하다 : _____

_____

3 증가하다 : _____

_____

4 인내하다 : _____

_____

5 인위적이다 : _____

_____

6 긴장하다 : _____

_____

7 이해하다 : _____

_____

8 공평하다 :

9 창조하다 :

10 흐릿하다 :

11 찬성하다 :

12 풍부하다 :

13 거짓 :

14 낭비 :

15 적극적이다 :

✏️ 다음 글을 읽고 비교, 대조 도표를 채워보세요.

1 여름 – 겨울

우리나라의 4계절 중 여름과 겨울은 밤낮의 길이 차이에 따라 계절이 구분됩니다. 두 계절에는 학생들이 방학을 맞이하여 가족과 함께 여행을 떠나기도 합니다. 또한 방학마다 숙제가 있어 고궁 탐방, 자연 관찰을 하러 가기도 합니다. 여름에는 온도가 높아 덥고, 얇은 옷을 많이 입지만, 겨울에는 온도가 낮아 춥고, 두꺼운 옷을 입습니다. 여름에는 비가 많이 오지만, 겨울에는 눈이 많이 옵니다. 또 여름에는 동물들이 활동적이지만 겨울에는 겨울잠을 자는 동물들도 많습니다.

	여름	겨울
공통점	① ②	
차이점	① ②	

남극과 북극은 지구의 남쪽 끝과 북쪽 끝에 위치한 지역입니다. 두 곳 모두 기온이 매우 낮으며, 주변의 대부분이 빙하와 빙산으로 덮여 있습니다. 이런 환경 때문에 이곳에서는 이동을 할 때 주로 개썰매를 이용합니다.

그러나 차이점도 많습니다. 무엇보다 가장 큰 차이는, 전체적인 구조가 남극은 얼음으로 덮인 거대한 땅이고 북극은 대륙으로 둘러싸인 바다라는 사실입니다. 또한 빙산의 모양도 다릅니다. 남극의 빙산은 평평한 탁자 모양인 반면, 북극의 빙산은 모양이 불규칙하고 울퉁불퉁합니다. 살고 있는 동물에도 차이가 있습니다. 남극에는 펭귄이 살며, 북극에는 북극곰과 바다표범이 살고 있습니다.

	남극	북극
공통점	① ②	
차이점	① ②	

3 문어 – 오징어

문어와 오징어는 시장의 어물전에서 흔히 볼 수 있는 바다생물입니다. 문어와 오징어는 몸 전체가 물렁한 근육으로 되어 있는 연체동물로서 둘 다 강한 빛에 몰려드는 성질이 있습니다. 또한 문어와 오징어는 외부 적의 공격을 받았을 때 시커먼 먹물을 내뿜고 빠르게 도망치는 모습도 똑같습니다. 뿐만 아니라 문어와 오징어는 다리에 붙은 빨판을 이용하여 다른 동물이나 물체에 달라붙기도 합니다. 오징어는 2개의 긴 다리와 8개의 짧은 다리의 총 10개의 다리를 가진 반면에 문어는 다리가 8개로 2개가 더 적습니다. 또 문어의 몸통이 둥근 모양인 반면 오징어는 길쭉한 원통 모양이 특징입니다.

	문어	오징어
공통점	① ②	
차이점	① ②	

씨름과 널뛰기는 옛날부터 우리 민족이 즐기던 민속놀이로서 명절에 주로 행하는 연례행사입니다. 이러한 씨름과 널뛰기는 혼자서는 할 수 없기 때문에 두 사람이 서로 마주한 채 놀이가 시작됩니다. 씨름은 대체로 남성들이 힘을 겨루기 위한 놀이로, 상대방의 샅바를 붙잡고 먼저 넘어뜨리는 것으로 승부를 내는 방식입니다. 널뛰기는 주로 여자들이 즐기는 승패와 무관한 놀이로, 널빤지에 올라 번갈아 높이 뛰는 방식입니다.

	씨름	널뛰기
공통점	①	
	②	
차이점	①	
	②	

5 지구 – 달

태양계에는 태양을 중심으로 공전하는 행성인 수성, 금성, 지구, 화성, 목성, 토성, 천왕성, 해왕성, 명왕성 등이 있다. 그중 지구에서 육안으로 쉽게 볼 수 있고 가장 친근한 행성은 달이다. 달은 지구에서 바라볼 때 매일 다른 모양을 하고 있어 사람들의 눈을 즐겁게 해주고 음력 보름날 밤이면 둥근 달인 보름달도 볼 수 있다. 달은 우리가 사는 지구와 같이 암석으로 이루어져 있고 스스로 빛을 낼 수 없어서 햇빛을 받아 빛을 내는 천체이다. 반면에 지구와 달은 차이점도 많은데, 지구는 물과 대기가 풍부하고, 대기가 있어 하늘이 푸르게 보이는 반면 달은 물과 대기가 없다. 이처럼 달은 대기가 없기 때문에 해가 떠도 하늘은 깜깜하다. 또한 지구는 일교차가 심하지 않고 중력의 힘이 적당한 반면 달은 일교차가 심하고 지구 중력의 6분의 1 수준으로 매우 약한 편이다.

	지구	달
공통점	①	
	②	
차이점	①	
	②	

축구와 야구는 대중이 좋아하는 대표적인 팀 스포츠입니다. 축구와 야구는 구기 종목에 속하고 축구는 11명, 야구는 9명의 선수들로 팀이 구성됩니다. 축구는 발로 공을 차는 스포츠로 전반 45분, 후반 45분으로 경기가 진행되며, 야구는 투수가 던진 공을 타자가 치는 방식으로 9회에 걸쳐 경기가 진행됩니다. 축구를 대표하는 대회로 4년마다 개최되는 월드컵이 있으며, 이는 세계 3대 스포츠 대회 중 하나입니다. 축구와 마찬가지로 4년마다 야구를 대표하는 월드베이스볼클래식(WBC)이 개최됩니다.

	축구	야구
공통점	①	
	②	
차이점	①	
	②	

몇 가닥의 줄로 아름다운 연주를 할 수 있는 현악기에는 바이올린, 비올라, 첼로, 콘트라베이스가 있습니다. 이 네 개의 악기는 생김새가 비슷하고 4개의 현으로 이루어져 있으며, 모두 활로 줄을 그어서 소리를 냅니다. 그중에서도 크기가 가장 작은 바이올린은 높은 음역을, 크기가 가장 큰 콘트라베이스는 낮은 음역의 소리를 냅니다. 바이올린은 독주에서 가장 많이 사용되는 반면, 콘트라베이스는 개성 있는 소리가 아니기 때문에 솔로 연주는 하지 않지만 오케스트라에서 빠지지 않는 중요한 역할을 담당합니다.

	바이올린	콘트라베이스
공통점	① ②	
차이점	① ②	

✎ 다음에 제시된 두 개의 단어를 읽고, 같은 점과 다른 점을 써보세요.

1 간호사 – 의사

같은 점   병원에서 일을 한다, 하얀 가운이나 옷을 입는다.......

다른 점   의사는 환자의 질병을 진단하고 치료하며, 간호사는 소독을 하거나 주사를 놓는다.......

2 아기 – 어른

같은 점

다른 점

3 호랑이 – 사자

같은 점

다른 점

4 판사 – 변호사

같은 점

다른 점

5 엄마 – 아빠

같은 점 --

다른 점 --

6 호텔 – 펜션

같은 점 --

다른 점 --

7 편지 – 이메일

같은 점 --

다른 점 --

8 교사 – 학생

같은 점 --

다른 점 --

9 소방관 – 경찰관

같은 점 --

다른 점 --

10 비행사 – 승무원

같은 점 --

다른 점 --

11 시인 – 작곡가

같은 점 --

다른 점 --

12 물 – 우유

같은 점 --

다른 점 --

13 태양 – 구름

같은 점 --

다른 점 --

14 택시기사 – 버스기사

같은 점 --

다른 점 --

15 수갑 – 자물쇠

같은 점 ---

다른 점 ---

16 <u>쇼호스트</u> – 상인

같은 점 ---

다른 점 ---

17 오이 – 배추

같은 점 ---

다른 점 ---

18 이불 – 커튼

같은 점 ---

다른 점 ---

19 넥타이 – 리본

같은 점 ---

다른 점 ---

20 그릇 – 냄비

같은 점 --

다른 점 --

21 가족 – 부족

같은 점 --

다른 점 --

22 피에로 – 마술사

같은 점 --

다른 점 --

23 티셔츠 – 신발

같은 점 --

다른 점 --

24 사과 – 바나나

같은 점 --

다른 점 --

25 트럭 – 손수레

같은 점 --

다른 점 --

26 산 – 호수

같은 점 --

다른 점 --

27 눈 – 비

같은 점 --

다른 점 --

28 우체부 – 택배 기사

같은 점 --

다른 점 --

29 무용가 – 가수

같은 점 --

다른 점 --

30 꿀 – 풀

같은 점 _____

다른 점 _____

31 양초 – 손전등

같은 점 _____

다른 점 _____

32 의자 – 휠체어

같은 점 _____

다른 점 _____

33 수의사 – 치과의사

같은 점 _____

다른 점 _____

34 팔꿈치 – 무릎

같은 점 _____

다른 점 _____

35 피아노 – 기타

같은 점 --

다른 점 --

36 종이 – 스마트폰

같은 점 --

다른 점 --

37 작곡가 – 작가

같은 점 --

다른 점 --

38 가방 – 지갑

같은 점 --

다른 점 --

39 책상 – 밥상

같은 점 --

다른 점 --

40 고양이 – 쥐

같은 점 --

다른 점 --

41 눈사람 – 산타 할아버지

같은 점 --

다른 점 --

42 은행잎 – 단풍잎

같은 점 --

다른 점 --

43 커피 – 녹차

같은 점 --

다른 점 --

44 텐트 – 호텔

같은 점 --

다른 점 --

45 분노 – 환희

같은 점 --

다른 점 --

46 올림픽 – 월드컵

같은 점 --

다른 점 --

47 비행기 – 유람선

같은 점 --

다른 점 --

48 연필 – 샤프

같은 점 --

다른 점 --

49 전화 – 라디오

같은 점 --

다른 점 --

50 소금 – 설탕

같은 점 --

다른 점 --

51 낚싯대 – 그물

같은 점 --

다른 점 --

52 지우개 – 걸레

같은 점 --

다른 점 --

53 고추 – 토마토

같은 점 --

다른 점 --

54 유모차 – 버스

같은 점 --

다른 점 --

✐ 다음 문장을 읽고 맞는 단어를 찾아 ○ 하세요.

1. 한 농부가 밤이 되면 유적지 근처를 돌아다니며 도자기와 금 등을 훔치는 (발굴 / 도굴 / 유물)꾼으로 활동한 사실이 드러났다.

2. 오늘의 (발표 / 발휘 / 조제)는 나의 실력을 검증받을 수 있는 기회로 여겨진다.

3. 충북 음성군은 청양고추가 많이 나오는 (오지 / 산지 / 내륙)이다.

4. 현재 발견되는 다양한 화석들은 수만 년 동안 (퇴화 / 퇴적 / 퇴비)되어 온 결과 물이다.

5. 삶의 지혜를 이용할 줄 아는 (선조들 / 극빈층 / 후손)은 우리에게 유용한 지식 을 제공해 줍니다.

6. 현대사회의 사람들은 (녹음기 / 휴대용 전화기 / 무전기)을/를 소지하고 다니기 때문에 집, 길거리, 회사 등 언제 어디서든 쉽게 연락이 가능하다.

7. 통장의 돈을 인출하지 않고, 오래 두면 (임금 / 잔돈 / 이자)을/를 받아 더 큰 소 득을 얻을 수 있다.

8. 어머니들은 가계부를 씀으로써 수입과 (지불 / 지출 / 지급)을 파악하고 절약할 수 있다.

9. 대통령이 최고 책임자인 행정부를 줄여서 (외교 / 청와대 / 정부)라고 한다.

10. 액체인 물을 냉동실에 넣으면 (고체 / 기체 / 실체)인 얼음이 된다.

11. 매일 1등을 하던 수진이는 (자주심 / 자만심 / 독립심) 때문에 공부를 하지 않았고, 이번 시험을 망쳤다.

12. 창민이와 다운이의 의견이 (대조 / 대립 / 대결)하여 팽팽하게 맞섰다.

13. 대기오염 (해지 / 중지 / 방지)를 위해 대중교통을 이용하는 것이 더 좋습니다.

14. 기름으로 뒤덮였던 해안가는 (방수 / 방파제 / 방제) 작업을 함께한 봉사자의 많은 도움으로 정상을 되찾았다.

15. 중력이 달라져도 물체의 (한량 / 질량 / 식량)은 언제든지 같아요.

16. 육아, 청소와 빨래는 여자가 해야만 한다는 (고정관념 / 기본개념 / 여존남비) 은/는 깨뜨려야 할 것이다.

17 크게 될 사람은 (솔잎 / 떡잎 / 깻잎)부터 알아볼 수 있다고 한다.

18 2012년 런던올림픽에서 우리나라는 26개 (시험 / 과목 / 종목)에 출전하여 좋은 성적을 거두었다.

19 우리는 정해진 법규를 (명령 / 개정 / 준수)할 수 있어야 합니다.

20 우리나라는 대형 선박을 만드는 (건축 / 조경 / 조선) 기술이 세계 최고 수준입니다.

21 지금이야말로 진짜 실력을 (발표 / 발휘 / 발제)할 때야.

22 삼색 송편은 중년층보다 나이가 많은 (노년층 / 유아층 / 청년층)이 더 좋아한다.

23 최근에는 파도 또는 태양열과 같은 (방사능 / 인적자원 / 천연자원)을 효과적으로 이용하기 위해 세계 각국이 협력하고 있다.

24 가계부처럼 용돈기입장도 수입과 (지불 / 지출 / 지급)을 한눈에 볼 수 있다.

25 여러 사람들이 조용한 공간에서 공부하기 위해 모여 있는 도서관에서는 다른 사람들에게 피해를 주지 않기 위해 (정숙 / 미숙 / 성숙)해야 합니다.

26 현빈이는 자기 일을 스스로 해결하려는 (독립심 / 자만심 / 자존심)이 뛰어나다.

27 수질오염을 (금지 / 저지 / 방지)하기 위해 주방세제는 가능한 한 소량을 사용해야 합니다.

28 우리 옛 그림은 먹물의 짙고 옅은 정도인 (농도 / 수도 / 밀도)를 통해 느낌을 표현하는 것이 특징이다.

29 한 연구원이 연구실에서 비커, 스포이트, 온도계 등의 실험 (물질 / 기구 / 요소) 을/를 갖고 실험 중이다.

30 신체검사를 했는데 체중이 무려 4kg이나 늘었다. (신장 / 체력 / 체육)은 작년보다 5cm가 더 자랐다.

31 계곡에 놀러 가 물에 발을 담갔는데 어찌나 (넓은지 / 깊은지 / 높은지), 발이 쑥 들어갔다.

32 옛것을 연구하는 학문을 (고고학 / 철학 / 법학)이라 한다.

✐ 다음 글을 읽고 맞는 단어를 찾아 ○ 하세요.

1 철수의 일기

철수는 가족과 함께 야구장에 갔습니다. 아빠가 사주신 유니폼을 (쓰고 / 적고 / 입고), 글러브도 (끼고 / 쓰고 / 입고) 한껏 멋을 부렸지요. 우리 가족은 (힘껏 / 꽉 / 아주) 삼성을 응원했습니다. 그때 한 선수가 친 공이 내 쪽으로 (빠르게 / 예민하게 / 나쁘게) 날아오는 것이었어요. 나는 아빠가 사주신 글러브로 날아오는 공을 (민첩하게 / 둔하게 / 귀하게) 잡았어요. 그것을 본 엄마와 아빠는 내게 최고라고 엄지손가락을 치켜세워 주었어요. 그 순간 나는 너무 (행복 / 불행 / 덤덤)했어요. 나는 야구 경기가 끝나고 집으로 돌아오는 길에 보름달을 보면서 우리 가족이 오늘처럼 (순간적으로 / 영원히 / 잠시) 행복하게 해달라고 기도했어요.

안녕하십니까?

활짝 핀 봄꽃 사이로 (슬프게 / 즐겁게 / 괴롭게) 지내는 아이들을 볼 때면 사랑스러움이 앞섭니다. (낯선 / 능통한 / 친근한) 모습으로 이곳저곳을 살피기만 했던 아이들이 어느덧 (생소한 / 낯선 / 익숙한) 모습으로 밝고 명랑하게 지내는 것을 보니 언제 이렇게 또 (성장 / 발달 / 노화)했나 싶습니다.

4월은 봄볕도 (쓸쓸하고 / 따사롭고 / 스산하고) 현장학습을 하기에도 적당한 날씨라, 아이들과 함께할 봄소풍을 (계획 / 추리 / 추측)하고 있습니다. 당일 아침에 비가 오지 않으면 행사는 그대로 진행되지만, 만약 비가 오는 경우는 행사가 (진행 / 연기 / 추진)됩니다.

(절실한 / 요긴한 / 필요한) 준비물과 시간을 잘 확인해 주시기 바라며 우리 아이들과 함께 아름다운 (회상 / 상상 / 추억)을 만들 수 있도록 협조 부탁드립니다.

3 크리스마스

내일은 12월 25일, 기다리고 기다리던 크리스마스예요. 오늘 저녁에는 가족들이 함께 모여 트리를 (예쁘게 / 얄밉게 / 추하게) 장식하고, (우울한 / 신나는 / 울적한) 크리스마스 캐럴도 불렀어요. 산타 할아버지가 멋진 선물을 (두고 / 갖고 / 받고) 가실 수 있게 큰 양말 주머니도 걸어두었어요. (어제 / 오늘 / 내일)은/는 가족과 함께 크리스마스 특선으로 (개봉 / 개업 / 개장)하는 영화를 보러 갈 거예요. 빨리 (어제 / 오늘 / 내일)이/가 왔으면 좋겠어요.

3

질문 및 대답

특정 문제를 파악하기 위해 관련 정보를 모으려면 상대방에게 적절한 질문을 해야 한다. 그러나 언어치료 대상자들 중 상당수는 어떠한 질문을 해야 구체적이고 핵심적인 정보를 얻을 수 있는지에 대한 언어적 기술이 부족한 편이다. 몇몇 학생들의 경우에는, 적절하게 질문을 할 수는 있지만 문제를 해결하거나 다른 사람의 관점이나 생각을 이해할 수 있는 정보를 찾는 데에는 어려움을 보이기도 한다. 한편으로는, 질문뿐만 아니라 적절하게 대답하는 데에도 어려움을 겪는 학생들이 있다. 구체적인 해결책을 제시하지 않고 모호한 대답을 하는 학생들의 상당수는 일반적으로 갖고 있는 생각이나 관점과는 다소 다른, 좀 더 독특한 배경지식을 갖고 있는 경우가 있다. 따라서 적절한 대답인 듯 보이지만, 내용은 어색한 경우가 많다. 또한 본인의 연령이나 학년에 비해 낮은 수준의 어휘지식을 갖고 있는 학생들의 경우에도, 대답할 때 사용하는 단어의 수준이 낮고, 정확성이 감소된다. 다음의 예는 치료 상황에서 만나게 되는 학생들의 빈번한 대답을 적어놓은 것이다.

질문 무단횡단을 하는 사람이 많아져서 교통사고가 급증하는데, 어떤 해결책이 있지?

대답 1. 횡단보도 양쪽에서 교통정리를 하는 봉사자를 배치해요.

2. 무단횡단을 하지 말라는 경고 표지를 달아놔요.

3. 경찰이 안전하게 지켜줘요. (애매한 대답 : 해결책보다는 현재 상태나 결과에 대한 진술적 성격이 강함. 구체적인 방법이 명시되지 않음.)

본 장에서는 관련된 질문을 듣고 적절한 대답을 하거나, 핵심적인 질문을 하는 기술을 배워볼 수 있다.

✏️ 다음 그림들을 각각 잘라낸 후, 아래 예시와 같이 스무고개 게임을 해보세요.
(249~257 부록 페이지로)

동물입니까?

아닙니다. 곤충입니다.

풀 위를 뛰어다닙니까?

아닙니다. 날아다닙니다.

꼬리에 침이 있습니까?

아니오, 없습니다.

더듬이가 있습니까?

예, 있습니다.

정답! 잠자리

땡! 틀렸습니다.

날개에 무늬가 있습니까?

네, 무늬가 거의 없는 것도 있고,
화려한 무늬가 있는 것도 있습니다.

정답! 나비

정답입니다!

질문을 읽고, 퍼즐 안에서 답을 찾아 동그라미 해보세요. 만약, 힌트를 얻고 싶다면, 상자에 적힌 단어를 참고하세요.

1 이 남자의 직업은 무엇일까?

2 라면을 끓일 때 반드시 필요한 것은?

3 하늘을 날고 있는 것은?

4 찢어진 종이를 붙일 때 쓰는 것은?

5 책을 빌리거나 볼 수 있는 곳은?

6 허리 사이즈를 잴 때 쓰는 것은?

7 미국까지 가려면 무엇을 타야 되지?

8 아이가 하고 있는 것은?

기	행	비	빔	밥	채
오	식	서	구	줄	가
리	수	독	비	넘	기
어	데	냄	줄	행	도
프	랑	스	자	서	기
이	게	비	관	운	행
테	포	임	수	나	은
다	야	거	프	아	두

119

질문을 읽고, 퍼즐 안에서 답을 찾아 동그라미 해보세요. 만약, 힌트를 얻고 싶다면, 상자에 적힌 단어를 참고하세요.

의사가 진찰할 때 쓰는 것은?

규칙적으로 하면 건강에 좋은 것은?

다리가 불편한 사람이 쓰는 것은?

캠핑가서 잠을 잘 수 있는 곳은?

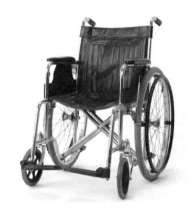

가장 추운 계절은?

문서나 사진을 뽑을 때 쓰는 것은?

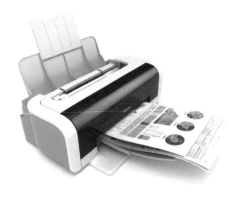

7 골대에 공을 던져서 넣는 운동은?

8 생일 날 받는 것은?

비	노	주	휘	친	키
오	겨	기	진	청	터
휠	야	울	동	면	린
체	부	축	사	컴	프
어	농	구	장	텐	개
주	진	물	선	롱	구
동	사	이	호	주	리
작	운	랑	트	텐	사

★ — ★ — ★ — ★ 힌트상자 ★ — ★ — ★

선물   기탈   프린터   동물   롤러에이스   태권   농구기

121

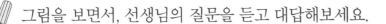

그림을 보면서, 선생님의 질문을 듣고 대답해보세요.

아이는 긴 머리를 좋아한다. 엄마는 머리를 조금만 자르자고 말했는데, 미용사는 아이의 머리를 싹둑 잘라버렸다.

① 아이의 표정이 어떠니?

② 아이는 지금 기분이 어떨까?

③ 아이는 지금 어디에 있니?

④ 무엇을 보고 장소를 알 수 있었지?

산타할아버지가 주고 가신 선물이 내가 평소 갖고 싶었던 장난감이었다.

① 아이의 표정이 어떠니?

② 아이는 지금 기분이 어떨까?

③ 오늘은 무슨 날이지?

④ 선물포장지를 뜯었을 때, 내가 원했던 선물이 아니라면 기분이 어떨까?

아이는 수영을 해본 적 없다. 분홍색 미끄럼틀이 예뻐서 급히 뛰어올라가 탔는데 밑에 깊은 수영장 물이 보였다.

① 지금 아이의 표정은 어떠니?

② 아이는 지금 기분이 어떨까?

③ 너라면 이런 상황에서 어떻게 할 거니?

어제 저녁에도 오늘 아침에도 계속 햄버거만 먹었다. 그런데 점심 급식 메뉴가 또 햄버거였다.

① 지금 아이의 표정은 어떠니?

② 아이는 지금 기분이 어떨까?

③ 너라면 이런 상황에서 어떻게 할 거니?

아이는 모래성을 열심히 쌓고 있었다. 그런데 파도가 와서 다 무너뜨려
버렸다.

① 모래성을 만들 때 아이의 기분은 어땠
   을까?

② 파도가 밀려오고 난 후 아이의 기분은
   어땠을까?

③ 아이는 지금 어디에 있니?

④ 무엇을 보고 장소를 알 수 있었지?

⑤ 모래성이 무너지지 않으려면 아이는
   어떻게 해야 했을까?

빙어를 잡으러 온 아이는 4시간째 같
은 자리에 앉아 있다. 춥고 배도 고프
고 잠이 밀려오지만, 한 마리라도 잡
고 싶어 참고 있다.

① 낚시터에 도착했을 때 기분과 지금 아
   이의 기분을 말해볼래?

② 너라면 이런 상황에서 어떻게 할 거니?

③ 아이는 낚싯대 말고는 아무런 도구를
   준비해오지 않았어. 무엇을 더 준비해
   왔으면 좋았을까?

그림을 잘 보세요. 질문을 읽고, 맞는 답을 골라보세요.

이 날씨에 맞는 일기예보는?

① 외출하기 좋은 날씨입니다.

② 가을바람이 솔솔 불 예정입니다.

③ 태풍의 영향으로 바람이 많이 불겠습니다.

④ 아지랑이가 피어오르면서 곳곳에서 개구리 울음소리가 들려올 전망입니다.

이 사람들은 무엇을 하고 있나요?

① 우산을 함께 쓰려하고 있다.

② 바람에 날아가는 우산을 잡고 있다.

③ 햇볕을 피하기 위해 양산을 펼치고 있다.

④ 건물 안으로 들어가기 위해 우산을 접고 있다.

3 무엇을 보고 날씨를 예상할 수 있나요?

----

4 우리는 언제 우산이 필요할까요?

----

5 수업이 끝나고 집에 가려는데, 비가 너무 많이 와요. 우산이 없는데 어떻게 해야 할까요?

----

1 이 아이의 기분은 어떨까요?

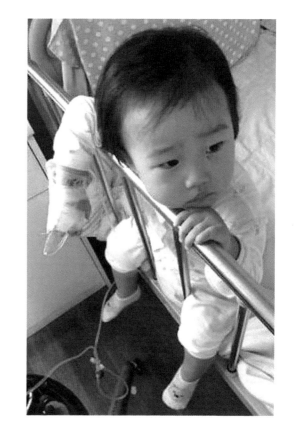

① TV를 보며 즐거워하고 있다.

② 아파서 표정을 찌푸리고 있다.

③ 목욕 후, 깨끗한 옷을 입고 상쾌
   해한다.

④ 병원에서 퇴원을 앞두고 기뻐하
   고 있다.

2 아이가 병원에 있다는 것을
   어떻게 알 수 있나요?

① 아이가 내복을 입고 있다.

② 아이가 링거를 맞고 있다.

③ 아이가 약을 먹고 있다.

④ 실내에서 양말을 신고 있다.

3 이 아이는 어떠한 생각을 하고 있을까요?

이 사람의 직업은 무엇인가요?

① 광부   ② 어부   ③ 농부   ④ 운전기사

이 직업으로 무엇을 얻을 수 있나요?

① 생선   ② 석탄   ③ 곡식   ④ 우유

이 자원을 얻을 수 있는 계절은 언제인가요?

① 봄   ② 여름   ③ 가을   ④ 겨울

이 사람의 직업을 어떻게 알 수 있었나요?

✏ 대화 상황에서 다음과 같은 대답을 유도하는 적절한 질문을 써 보세요.

1 질문 "   "

대답 "혜진이가 먹었어."

2 질문 "   "

대답 "아직 휴가 계획을 잡지 못했어."

3 질문 "   "

대답 "글쎄, 추천해줄 만한 여행지가 있니?"

4 질문 "   "

대답 "우리 아빠가 학교까지 태워주시기로 하셨어."

5 질문 "   "

대답 "조금 나아지기는 했는데 그래도 기름진 음식은 못 먹어."

6 질문 "_____"

대답 "민주랑 토요일에 영화 보려고."

7 질문 "_____"

대답 "어제 학교 앞에서 자전거를 타고 가다가 넘어졌어."

8 질문 "_____"

대답 "나도 아직 생각해 본 적이 없어."

9 질문 "_____"

대답 "응, 너도 좀 도와줄래?"

10 질문 "_____"

대답 "나는 콜라보다 오렌지주스가 더 좋아."

✏️ 다음의 상황을 보고 적절한 대화가 되도록 빈칸을 채우세요.

1 배가 고픈 윤주는 생크림 케이크를 맛있게 먹고 있는 아름이를 보았다.

윤주 "케이크 맛있겠다!"

아름 "＿＿＿＿＿＿＿＿＿＿＿＿＿＿＿＿＿＿＿＿＿＿"

2 손님맞이를 위해 대청소를 하던 어머니께서 정호의 지저분한 방을 보시더니 한 말씀하셨다.

어머니 "정호야, 네 방에서 귀신 나오겠다."

정호 "＿＿＿＿＿＿＿＿＿＿＿＿＿＿＿＿＿＿＿＿＿＿"

3 지하철역에서 무거운 짐을 들고 가시는 할머니의 혼잣말을 지나가던 청년이 들었다.

할머니 "아이고, 허리야!"

청년 "＿＿＿＿＿＿＿＿＿＿＿＿＿＿＿＿＿＿＿＿＿＿"

4   수업 중에 선생님께서 땀을 흘리며 연신 손으로 부채질을 하셨다.

선생님 "밖은 좀 시원하려나?"

반장 " _____ "

5   운동장에서 축구를 하던 친구들은 혼자 앉아 구경하던 강주를 보게 되었다.

강주 "(혼잣말) 우와~ 재미있겠다."

친구들 " _____ "

6   더운 여름, 학교에서 일찍 집으로 돌아온 선영이는 에어컨을 틀어놓았다.
시장에서 금방 돌아오신 엄마가 들어오시며 말씀하셨다.

어머니 "얼어죽을 것 같구나."

선영 " _____ "

4

문제 확인 및 해결방법 제시

문제가 무엇인지 분명히 하기 위해 명확하고 구체적인 언어를 사용하는 것은 해당 문제에 대해 효과적으로 이야기할 수 있는 기틀을 마련해준다. 언어재활사는 학생 앞에 벌어진 문제들을 생각해보고, 해당 문제를 명확하게 이야기해보도록 지도해야 한다. 특히 언어 치료의 대상자들은 발생한 문제에 대해 한 가지 답변으로 일관하기도 하고, 다양한 발생 가능성을 예측해보고 설명하는 데 어려움이 있다. 그러므로 많은 문제들이 여러 가지 방법으로 해결될 수 있다는 것을 알려주고, 언어재활사와 학생 간에 답을 공유하는 것이 중요하다. 이러한 연습을 통해 좀 더 유연하고, 깊은 사고가 반영된 대답들을 할 수 있을 것이다.

본 장에서는 학교 상황뿐만 아니라, 일상적인 사회생활에서 직면할 수 있는 일반적인 문제들을 다루고 있다. 주어진 상황을 여러 번 경험하여 이미 알고 있다면 그것을 말로 표현해보도록 하고, 그렇지 않다면 주어진 상황에 내재되어 있는 단서들을 포착하여 말로 표현해보도록 하면 된다. 문제 확인하기 연습을 위한 활동들에는 다음과 같은 것들이 있다.

1. 실제 상황이 제시된 사진이나 그림을 보여주고 설명해보거나 우리 동네, 나라, 또는 전 세계적으로 일어난 최신 사건들에 대해 관심을 많이 보이므로 이러한 뉴스기사나 사진을 제시하고 함께 이야기 나눈다.

2. 컴퓨터 바이러스, 학교 기물 파손, 밀린 방학숙제, 오래달리기에서 혼자 뒤처짐 등과 같이 학생들이 생활 속에서 직면하게 되는 많은 문제들에 대해 목록을 작성하고, 각각의 문제들에 대해 이야기 나눈다.

✏️ 같은 맛을 내는 것끼리 고른 후, 그 이유를 말해 보세요.

소금	간장	식초	케첩
후추	버터	물엿	고춧가루
양파	생강	마가린	피망
멸치액젓	꿀	새우젓	마늘
레몬	파프리카	파	참기름
깨소금	식용유	마요네즈	설탕

✏️ 이럴 때에는 무엇을 넣어야 할까요?

1. 당근과 피망, 양파를 썰어서 프라이팬에 볶으려고 해요. 무엇을 넣어야 할까요?

2. 김치찌개를 끓였는데, 맵지 않고, 심심한 맛이 나요. 무엇을 넣어야 할까요?

3. 토마토와 물을 믹서기에 넣고 갈았어요. 그런데 토마토 주스 맛이 달지 않아요. 무엇을 넣어야 할까요?

4. 시금치나물을 무쳤는데, 고소하지 않아요. 무엇을 넣어야 할까요?

5. 비빔냉면을 만들었는데, 맵지도 않고, 새콤달콤하지도 않아요. 무엇을 넣어야 할까요?

6. 계란프라이를 만들어 먹으려고 해요. 계란을 깨서 프라이팬에 넣고, 그 다음 무엇을 넣어야 할까요?

7. 커피가 너무 써서 먹을 수가 없어요. 무엇을 넣어야 할까요?

✏️ 각 그림의 질문을 읽고, 무엇이 필요한지 설명해 보세요.

상자로 개집을 만들려면 무엇이 필요할까요?

2 등산을 하려면 무엇이 필요할까요?

3 배드민턴 공을 꺼내려면 무엇이 필요할까요?

4 빵을 만들려면 무엇이 필요할까요?

5 세차를 하려면 무엇이 필요할까요?

6 실외수영장에 가려면 무엇이 필요할까요?

쓰레기 더미를 치우려면 무엇이 필요할까요?

생일파티를 하려면 무엇이 필요할까요?

9 캠핑을 하려면 무엇이 필요할까요?

캠핑장

각 사진을 보고, 왜 이러한 일이 일어났는지 그리고 어떻게 대처해야 하는지 써보세요.

---------- ---------- ---------- ---------- ---------- ---------- ----------

---------- ---------- ---------- ---------- ---------- ---------- ----------

---------- ---------- ---------- ---------- ---------- ---------- ----------

---------- ---------- ---------- ---------- ---------- ---------- ----------

✏️ 다음 그림을 보고 상황을 설명하고, 그 해결방법을 말풍선에 적어보세요.

상황 _____

_____

상황

상황

상황

이런 옷 입기
싫은데…

5

핵심정보
파악하기

글로 읽거나, 직접 경험한 사건들 중 어떤 정보가 더 중요한지 판단하는 것은 매우 중요하다. 그래야 더 효과적으로 정보를 처리하고 적절한 조치를 취할 수 있다. 핵심정보에 집중하지 못하거나 잘 찾지 못하는 학생들은 수업시간에 들은 내용을 요약하거나, 간략하게 필기하거나, 또는 글로 답안을 작성하는 과제 등에서 어려움을 겪게 된다. 이런 학생들은 쉽게 산만해질 수 있고, 때로는 교실 상황에서 제시되는 교과나 일상적 정보의 양에 눌리는 느낌을 받기도 한다. 결과적으로는 학습부진이나 장애로 이어질 위험도 있다.

본 장에서는 주어진 내용에서 가장 중요한 핵심정보와 부가정보가 무엇인지 구별하는 방법을 연습할 수 있다. 가령, 라면 끓이는 방법을 이야기할 때, 라면을 어떤 마트에 가서 사야 할지는 라면을 끓이는 방법과 직접적인 관련이 없다. 학생들에게 이 정보가 핵심주제와 관련이 있는 것인지를 물으면, "아니오"라고 대답을 하지만, 실제 일상생활에서는 별로 중요하지 않은 부가정보를 핵심정보인 것처럼 대답하는 경우가 빈번히 발생한다.

학교 과제의 대부분이 단어보다는 문장, 문단에 집중되어 있고, 수업시간에 제공되는 긴 설명 속에서 학생들은 스스로 핵심정보를 파악하고 요점을 간추려 내야 한다. 그러므로 매우 어려울 수도 있지만, 차근차근 연습해 나간다면 요점 찾기 기술이 취약한 학생들이 차츰 정보의 중요성에 대해 우선순위를 매기는 기술을 향상시킬 수 있을 것이다.

✏️ 접속사의 쓰임을 알아봅시다. 이럴 땐, 어떤 접속사를 사용해야 할까?

그래서

일의 인과관계를 설명할 때 사용할 수 있어요.

원인이 되는 사건과 그 사건으로 인해 발생한 결과가 함께 나타날 때

'그래서'를 사용합니다.

★ 예시 ★

팥빙수랑 얼음물을 많이 먹었다. 그래서 배탈이 났다.

▶ 배탈이 나게 된 원인이 찬 음식을 많이 먹었기 때문이에요.

이럴 때 '그래서'를 사용합니다.

그리고

앞에 일어난 일과 뒤에 일어난 일이

차례대로 동시에 일어나는 일이거나, 비슷한 내용을 의미할 때

'그리고'를 사용합니다.

★ 예시 ★

나는 점심으로 피자를 먹었다. 그리고 스파게티도 먹었다.

▶ 점심으로 피자와 스파게티를 먹었죠?

동시에 일어난 일을 설명하니까 '그리고'를 사용합니다.

앞에서 일어난 일과 반대되는 일을 뒤에서 설명하거나,

예상했던 결과와 반대되는 내용이 나타날 때

'그러나'를 사용합니다.

★ 예시 ★

나는 몸집이 작다. 그러나 힘은 세다.

▶ 보통 몸집이 작은 사람은 힘이 약할 거라고 예상하게 되죠?
그러나 예상했던 결과와 반대로 '힘이 세다'라고 하였으므로 '그러나'를 사용합니다.

빈칸 안에 알맞은 접속사를 넣어 봅시다.

그래서   그리고   그러나

1 동생은 자전거를 타다 넘어졌습니다. ____그래서____ 무릎을 다쳤습니다.

2 나는 밥을 먹었습니다. _____ 물도 마셨습니다.

3 나는 공부를 열심히 하였습니다. _____ 이번 시험을 망쳤습니다.

빈칸 안에 알맞은 접속사를 넣어 보세요.

그래서   **그리고**   **그러나**

1   나는 공부를 열심히 하였다. _____ 성적이 많이 올랐다.

2   아침에는 샌드위치를 먹었다. _____ 점심에는 비빔밥을 먹었다.

3   수영이는 추운 겨울날, 얇은 옷을 입고 나가 놀았다. _____ 감기에 걸렸다.

4   우리는 열심히 손을 흔들었다. _____ 아무도 우리에게 인사를 해 주지 않았다.

5   나는 몸이 너무 아팠다. _____ 학교에 결석했다.

6   밥을 먹었다. _____ 이를 닦았다.

7   나는 무단횡단을 하다가 차와 부딪혔다. _____ 다행히 아무데도 안 다쳤다.

8   눈이 많이 와서 길이 미끄러웠다. _____ 우리는 빗자루를 들고 나가 길을 쓸었다.

9   텃밭에 씨를 뿌렸다. _____ 물도 주었다.

10   나는 겁이 많다. _____ 공포영화를 보지 못한다.

11   아기를 재우려고 딸랑이를 흔들어주었다. _____ 그 소리에 아기는 놀라서 깼다.

★ ★ ★ ★ ★ 예시 ★ ★ ★ ★ ★

나는 문방구에 가서 색종이와 풀, 가위를 사왔습니다.
그리고 집에 와서 예쁜 카네이션 꽃을 만들었습니다.
내일은 어버이날입니다. 내가 만든 카네이션 꽃을 엄마, 아빠께 드릴 것입니다.

이 글의 주제가 무엇인가요? 어버이날, 카네이션 만들기

내 동생의 별명은 울보입니다. 오줌을 싸도 울고, 유치원에 가기 싫어서 울고, 밥 먹기 싫다고 울고, 이렇게 매일매일 울기만 합니다. 내 동생이 얼른 커서 나처럼 울지 않았으면 좋겠습니다.

이 글의 주제가 무엇인가요? _____

영수는 엄마의 심부름으로 마트에 갔습니다. 엄마는 수박 1통과 콜라 1개, 그리고 식빵 1개를 사오라고 하셨습니다. 계산대에 물건을 올려놓고, 가격이 총 얼마인지 물었습니다. 그러자 아주머니는 500원이 부족하다고 하셨습니다. 집에 다시 갈 수도 없고, 어떡해야 할지 걱정이 되었습니다.

이 글의 주제가 무엇인가요? _____

동생과 연날리기를 하러 밖에 나갔습니다. 바람이 불어서 좋았지만 비도 조금씩 와서 연이 젖을까 봐 걱정이 되었습니다. 나는 동생에게 내일 연날리기를 하자고 말했습니다. 그러나 동생은 꼭 오늘 연날리기를 하겠다고 우겼습니다. 그렇게 연날리기를 하던 중, 비가 더 많이 내려 연이 다 젖어버렸습니다. 결국 우리는 연날리기를 계속할 수 없었습니다.

이 글의 주제가 무엇인가요? _____

✎ 간단한 글을 읽고 이 글에서 무엇을 말하고 있는지, 주제를 적어 보세요.
　(또는 간단한 글을 들려줄게요. 이 글에서 무엇을 말하고 있는지 글의 주제를
　얘기해 보세요.)

1 내 동생은 추운 겨울 날, 잠바를 입지 않고, 나가 놀다가 감기에 걸렸습니다. 병원에 가서 주사를 맞고 약도 먹었지만 감기가 심하게 걸려 빨리 낫지 않았습니다.

이 글의 주제가 무엇인가요? ---

2 나는 배가 고파 라면을 먹으려고 했습니다. 냄비에 물을 붓고 라면을 넣었습니다. 그런 후, 3분 있다가 라면을 먹으려고 보니, 라면이 익지 않고 찬물에 둥둥 떠 있었습니다. 그래서 라면을 먹을 수 없었습니다.

이 글의 주제가 무엇인가요? ---

3 미술시간이었습니다. 진희는 물감으로 색칠을 하다가 옆자리에 있는 철수 옷에 물감을 튀겼습니다. 그러자, 철수도 붓에 물감을 묻혀 진희의 팔에 발랐습니다. 진희와 철수는 서로의 옷과 팔에 물감을 묻히며 싸웠습니다. 이것을 본 선생님께서는 교실 밖으로 나가 손을 들고 서 있으라고 하셨습니다.

이 글의 주제가 무엇인가요? ---

4 우리 가족은 서울역에서 기차를 타고 부산에 놀러 가려고 합니다. 이따가 기차는 3시에 출발합니다. 우리 가족은 2시에 집에서 나왔습니다. 그러나 차가 너무 막혀 서울역에 4시에 도착하였습니다. 결국 우리 가족은 기차를 놓쳤습니다.

이 글의 주제가 무엇인가요? ---

간단한 글을 읽고 이 글에서 무엇을 말하고 있는지, 주제를 적어 보세요.
(또는 간단한 글을 들려줄게요. 이 글에서 무엇을 말하고 있는지 글의 주제를 얘기해 보세요.)

1 더운 여름날이었습니다. 학교에서 돌아와 보니 식탁 위에 먹다 남은 케이크가 놓여 있었습니다. 나는 너무 배가 고파 허둥지둥 케이크를 다 먹었습니다. 그런데 맛이 시큼하기도 하고, 조금 이상했습니다. 그래도 남기지 않고 다 먹었습니다. 1시간 후, 배가 너무 아파 병원에 갔습니다. 의사 선생님은 식중독에 걸렸다고 말씀하셨습니다.

이 글의 주제가 무엇인가요? _____

2 옛날 옛적에, 임금님이 신기한 맷돌을 갖고 있습니다. 이 맷돌은 "돌아라~" 하면 빙글빙글 돌면서 소금을 쏟아냈습니다. 하루는 도둑이 이 신기한 맷돌을 훔쳐 달아났습니다. 배를 타고 달아나던 도둑은 "돌아라~" 하고 명령했습니다. 그러자 맷돌은 돌면서 소금을 쏟아냈습니다. 소금은 점점 쌓여 산처럼 커졌습니다. 그러나 도둑은 맷돌을 멈추게 하는 방법을 알지 못했습니다. 결국 소금이 산처럼 쌓여 도둑은 배와 함께 물 밑으로 가라앉고 말았습니다. 그래서 맷돌도 바다 속에서 계속 돌기 때문에 바닷물이 짜게 되었습니다.

이 글의 주제가 무엇인가요? _____

3 옛날 옛적에, 한 아버지와 세 딸이 살고 있었어요. 아버지는 어느 날 선물로 받은 바지를 꺼내 보이며 딸들에게 말했어요. "얘들아, 누가 시간이 되면, 내 바지 좀 한 뼘만 줄여다오." 그러자 세 딸들은 "네" 하고 대답했어요. 다음 날 오후에 아버지는 외출을 하기 위해 바지를 꺼내 입었어요. 그런데 바지를 입어 본 아버지가 깜짝 놀라며 말씀하셨어요. "아니, 바지가 왜 이렇게 짧아졌지? 내가 한 뼘만 줄이라고 했는데……." 그러자 첫째 딸이 "이상하다. 제가 어제 저녁에 바지를 한 뼘만 줄였는걸요."라고 말했습니다. 이때 둘째딸이 "어머나, 저는 그런 줄도 모르고 오늘 새벽에 바지를 한 뼘 줄였어요."라고 말했습니다. 그러자 셋째 딸이 조그만 목소리로 "어떡해요…… 큰언니가 어제 한 뼘, 작은언니가 오늘 또 한 뼘, 그리고 제가 점심 때 한 뼘……." 말했어요. 이 이야기를 들은 아버지는 "괜찮다. 얘들아, 나는 이 바지가 제일 잘 맞는구나." 하시며 활짝 웃으셨어요.

이 글의 주제가 무엇인가요? _____

내용을 읽고, <u>가장 주제에서 벗어난</u> 또는 <u>관련이 없는</u> 문장 하나를 고르세요.

1
① 오늘 밤까지 방학 숙제를 다 끝내려면, 4시간은 걸릴 것 같다.

② 밖에는 비가 부슬부슬 온다.

③ 나는 숙제를 오후 5시에 시작했다.

2
① 민수야, 나 붓 하나만 빌려줄래?

② 깜빡하고 집에 두고 왔어.

③ 호진이 엄마가 구워준 빵은 정말 맛있어.

3
① 태풍 4호가 오늘 오후 3시경, 제주도로 북상한다고 한다.

② 집 창문을 열어놓고 왔는데, 깨질까 봐 걱정된다.

③ 제설작업을 위한 염화칼슘을 확보해 놓았다.

4
① 공원 앞쪽에서 10분만 더 걸어가세요.

② 나는 엄마의 목소리를 들었다.

③ 그런 후, 마트가 보이시면 오른쪽으로 꺾어지시면 돼요.

5
① 미정이는 유기견 보호협회에서 활동을 한다.

② 길에 돌아다니는 개를 보면 불쌍하게 느껴진다.

③ 더운 여름날, 개가 공원에서 똥을 싸고 있다.

① 나는 과학 숙제가 있어 계란을 옥상에서 떨어뜨리는 실험을 하였다.

② 계란프라이는 반숙보다 완숙이 더 맛있다.

③ 엄마가 사다 놓으신 계란 한 판 중 절반 이상이 다 깨져버렸다.

① 우리 언니는 내일 결혼식을 올린다.

② 언니와 나는 여자이다.

③ 형부가 될 사람은 선생님이다.

① 가뭄이 들면 농작물이 잘 자라지 못한다.

② 가뭄에 대비하여 댐 건설이 필요하다.

③ 빨리 하수구를 막았으면 좋겠다.

① 준영이는 스케치북과 그림물감을 가지고 뒷산에 올라갔습니다.

② 뒷산에는 버려진 음식쓰레기와 잡초뿐입니다.

③ 준영이가 그리고 있는 꽃은 분홍색 진달래입니다.

① 웃음의 하루권장량은 큰 소리로 1회에 10초 이상, 10회 이상이다.

② 지호는 담임 선생님께 혼이 나도 실실거리며 웃는다.

③ 많이 웃는 것은 건강에 좋지만, 현대 성인들은 하루에 평균 8번밖에 웃지 않는다고 한다.

11 ① 인규 아버지는 매일 새벽 5시에 일어나 집 근처 뒷산을 오르신다.

② 인규는 내일 뒷산으로 봄소풍을 간다.

③ 그래서 인규가 일어나면 아버지는 계시지 않거나, 다녀오셔서 씻고 계신다.

④ 인규도 언젠가는 아버지를 따라 뒷산에 오르고 싶다.

12 ① 음악 시간이 되었다.

② 오늘은 기악 합주를 하기로 한 날이다.

③ 내가 좋아하는 피아니스트는 조성진이다.

④ 수업시작 후, 5분이 지나서야 나는 심벌즈를 집에서 가져오지 않았다는 것을 알았다.

13 ① 민준이는 공부를 마치고 집으로 돌아가는 길이었다.

② 아주 큰 개가 횡단보도를 건너다가 되돌아 왔다.

③ 횡단보도를 막 건너려는데, 녹색불이 깜박거리기 시작했다.

④ 민준이는 '건널까, 말까?' 하고 잠시 고민을 했다.

14 ① 삼일절 아침이었다.

② 평소보다 좀 늦게 일어난 수영이는 옷장 위에 보관된 태극기를 찾았다.

③ 태극기는 우리나라의 국기이다.

④ 삼일절에는 꼭 국기를 게양하라던 선생님의 말씀이 떠올랐기 때문이다.

✏️ 다음 글을 읽고, 글의 주제를 고르세요.

1

공기 오염을 줄이는 데는 나무 심기, 재활용하기, 대중교통 이용하기 등여러 가지 방법이 있습니다. 나무는 이산화탄소를 흡수하고 산소를 배출하기 때문에 길가에 가로수를 심는 것은 공기오염을 최소화하는 데 많은 도움이 됩니다. 흔히 우리가 생각하는 가로수로는 대표적인 것이 은행나무, 플라타너스가 있습니다. 만약 가로수로 과일나무를 심는다면 거리의 모습이 어떻게 달라질까요?

강원도 동해시의 한 지역에서는 가로수로 감나무를 심었습니다. 가을이면, 길옆으로 늘어선 나무마다 열린 붉은 감을 바라만 보아도 마음이 풍요로워지겠지요. 뿐만 아니라 길거리에 나무가 많으면 자동차의 소음도어느 정도 줄일 수 있고, 거리의 먼지도 많이 줄일 수 있다고 합니다. 예를 들어, 가죽나무 한 그루는 일 년에 이산화황 50.3g, 이산화질소 13.2g, 이산화탄소 2,842g을 빨아들이는 놀라운 힘을 가지고 있다고 합니다. 이처럼 나무는 사람들에게 많은 도움을 주고 있습니다.

① 자동차를 타지 말자.

② 자동차 때문에 공기오염이 심해진다.

③ 강원도 동해시에는 감나무를 심었다.

④ 공기오염을 줄이기 위해 나무를 심자.

여름철이 되면 전기수요가 많아지면서 블랙아웃의 위기를 겪게 됩니다. 이에 대비하여 전기수요량을 줄이기 위한 대처방법으로는 여러 가지가 있습니다.

첫째, 사용하지 않는 곳의 조명은 완전히 소등합니다. 낮에는 창가에 자연 빛이 들어오도록 커튼을 젖히고 조명을 끄는 것이 좋습니다. 또한 방을 나오거나 외출할 때에는 반드시 조명이 꺼져 있는지 확인해야 합니다.

둘째, 에어컨의 사용은 여름철 전기 부족의 가장 큰 원인이 되기 때문에 에어컨 사용을 줄여야 합니다. 에어컨보다 선풍기를 사용하면 전력 소비가 훨씬 적습니다. 또한 밖의 온도와 실내 온도가 5℃ 이상 차이가 나면 건강에 해롭습니다. 따라서 에어컨 사용을 줄이면 전기수요량을 감소시킬 뿐만 아니라 건강도 챙길 수 있습니다.

셋째, 현재 사용하고 있지 않는 전기 제품의 플러그는 빼 둡니다. 전기 제품의 플러그를 뽑지 않고 전원만 끈다면 적은 양이지만 계속해서 전기가 소모됩니다. 따라서 사용하지 않는 전기제품의 플러그를 빼두는 것만으로도 전기수요를 줄일 수 있습니다.

① 에어컨을 바르게 사용하는 방법

② 전기제품을 오래 사용하는 방법

③ 전기 수요를 줄이는 방법

④ 계절별 전기수요량의 변화

▶ 블랙아웃 : 전기가 부족해 갑자기 모든 전력 시스템이 정지한 상태

우리나라 사람이 하루에 버리는 생활 쓰레기의 양은 미국이나 일본보다 많다고 합니다. 그중 당장 쓰기에 편하고, 쓰고 난 뒤에 버리면 그만이라는 생각 때문에 해마다 사용량이 엄청나게 늘어나고 있는 일회용품도 한몫을 하는 것 같습니다. 특히 우리가 버리는 일회용품 가운데 가장 많은 양을 차지하는 것이 비닐류입니다.

우리가 무심코 버리는 비닐봉지는 땅속에서도 잘 썩지 않습니다. 비닐봉지가 땅속에서 완전히 썩으려면 300~500년이 넘게 걸립니다. 게다가 비닐은 썩을 때 해로운 화학 성분들이 그대로 녹아 나와 땅을 오염시킵니다. 따라서 생활하는 데 조금 불편하더라도 될 수 있는 대로 비닐봉지를 사용하지 않으려는 노력이 필요합니다.

우리가 사용하는 비닐봉지를 한두 장씩만 절약한다면, 우리나라 전체로 볼 때 엄청난 양이 절약됩니다. 부모님이 시장에 가실 때 꼭 장바구니를 가져가도록 말씀드리는 것도 작지만 환경 보호를 위해 해야 할 우리의 몫입니다.

① 비닐봉지는 썩지 않는다.

② 시장 갈 때 장바구니를 꼭 사용하자.

③ 일회용품의 사용량이 늘어나고 있다.

④ 환경보호를 위해 비닐봉지 사용을 줄이자.

⑤ 우리나라 사람이 버리는 생활 쓰레기 양은 미국이나 일본보다 많다.

나로호는 한국 최초의 우주발사체로 한국 우주개발의 산실인 나로우주센터가 있는 외나로도의 이름을 따서 한국 국민의 꿈과 희망을 담아 우주로 뻗어 나가길 바라는 의미를 담고 있습니다. 나로호는 한국항공우주연구원이 주관하는 우주발사체 개발사업의 일환으로 지구 대기의 수분량과 위선의 정확한 궤도를 측정하기 위해 과학기술위성 2호를 탑재하였습니다.

나로호는 2003년 개발에 착수하여, 2005년 9월경 발사할 예정이었으나 몇 차례 연기되어 2009년 8월 19일 첫 발사가 시도되었습니다. 하지만 발사 전 소프트웨어의 결함으로 발사가 중지되었습니다. 그 후, 8월 25일 다시 발사되었지만 위성이 목표궤도에 진입하지 못하였습니다. 1차 발사가 실패함에 따라 2010년 6월 10일 2차 발사가 이루어졌으나 비행 중 폭발하여 재실패하였습니다. 이후 2012년 10월과 11월 있었던 두 차례의 3차 발사시도 역시 부품의 문제로 발사가 연기되었으나, 2013년 1월 30일 오후 4시 정각 마침내 나로호가 성공적으로 발사되어 탑재한 위성이 정상궤도에 안착하였습니다.

이로써 우리나라는 세계에서 11번째로 우주클럽에 가입하게 되었으며, 2021년 이전에 발사 예정인 한국형 발사체 개발에도 힘이 실어지고 있습니다. 나로호는 대한민국의 자랑스러운 최초 우주발사체입니다.

① 나로호 발사 성공의 지난 역사

② 나로호의 이름이 담고 있는 의미

③ 우주클럽에 가입하기 위한 방법

④ 세계 최초의 우주발사체

⑤ 나로호 발사 실패의 원인

스마트폰은 더 많은 정보의 공유, 지식 습득뿐만 아니라 언제 어디서든 필요한 일 처리가 가능한 세상을 만들었습니다. 2012년 우리나라 전 국민 5천만 명 중 3천만 명 이상이 스마트폰을 사용하고 있습니다. 스마트폰 시대라 해도 과언이 아닐 만큼 스마트폰이 대중화되면서 많은 편리함을 가져다줬습니다. 하지만 스마트폰 중독 또는 스마트폰 증후군이라는 새로운 명칭이 생겨날 만큼 스마트폰의 부작용도 늘고 있습니다. 전문가들은 장시간 같은 자세로 스마트폰을 이용할 경우 목이나 허리 디스크 등의 질병을 유발할 수 있고 작은 화면을 오랫동안 볼 경우 시력 저하의 원인이 될 수 있다고 우려합니다. 또한 손목터널증후군, 안구건조증과 같은 신체적인 문제뿐만 아니라 불안증세, 집중력 결핍과 같은 정신적인 문제와 대인 관계 결핍과 같은 사회적인 문제점들이 나타날 수 있다고 말합니다. 앞으로 스마트폰의 사용 인구는 더욱 증가할 것으로 예상되며, 스마트폰의 이용으로 인한 부작용을 없애는 방법 역시 없기 때문에 오직 스마트폰 사용자 본인이 사용 시간과 횟수를 통제하여 올바른 이용을 하여야 합니다.

학술 및 관상적 가치가 높아 그 보호와 보존을 법률로 지정한 동물의 종과 서식지, 실물의 개체와 종 및 자생지, 지질 및 광물을 천연기념물이라 칭한다. 이러한 천연기념물은 그 자체가 민족의 자연유산일뿐더러 우리 민족의 역사와 민속신앙을 간직하고 있는 것이 많다. 천연기념물이라고 해서 찾아보기 어려운 것이 아니다. 우리가 조금만 시간을 내어 산으로 들로 강으로 나가 주위를 둘러보면, 쉽게 접할 수 있는 은행나무, 소나무, 느티나무, 백조, 황새, 두루미, 진돗개 등이 모두 천연기념물이다. 하지만 인간이 사용하는 농약과 같은 독극물에 의한 중독, 자동차와의 충돌, 불법 포획 등이 이러한 천연기념물들의 생명을 위협하고 있다. 이러한 천연기념물의 관리와 보호를 위해서 우리는 관심을 가지고 노력을 기울여야 한다. 천연기념물을 보호하기 위해서는 기술 및 법적인 노력과 개인적인 노력이 필요하다. 우선 야생생물들의 서식지를 파괴하는 행위를 줄이고 야생생물 보호구역을 설정하고 밀렵 행위에 대한 처벌을 강화해야 한다. 또한 우리 스스로의 노력으로 에너지 소비를 줄여야 한다. 에너지 소비수준을 20~30% 정도만 줄이더라도 야생생물의 서식지 파괴를 상당히 줄일 수 있다. 무분별한 인간의 행동에 천연기념물들은 멸종위기를 겪고 있다. 우리의 작은 관심과 노력으로 천연기념물뿐만 아니라 야생생물의 멸종을 막을 수 있다.

학교 폭력이란 학생들 사이에서 일어나는 폭행, 위협, 따돌림, 성폭력, 언어폭력 등의 행위로 정신적 및 신체적인 피해를 주는 것을 말합니다. 이러한 학교 폭력으로 인해 피해를 받은 학생들은 우울증을 경험하거나 심한 경우 자살까지 이어져 현 사회에서 큰 이슈로 부각되고 있습니다. 학교 폭력을 예방하기 위해서는 학생과 학부모, 선생님들 모두의 노력이 필요합니다. 먼저, 학생들은 괴롭힘을 당하거나 괴롭히는 것을 보았을 때 교사나 부모님께 반드시 알려야 합니다. 또한, 학교에서는 교사들의 적극적인 신고가 권고되며, 지역 관할 경찰은 폭력이 일어날 수 있는 장소를 주기적으로 살피도록 합니다. 전문 상담교사들을 배치하여 학생들이 원활한 학교생활을 할 수 있도록 지속적인 상담을 실시하는 것도 하나의 방법이 됩니다. 이러한 방법들보다도 먼저 우리가 가져야 할 자세는 서로를 존중하는 마음과 어떤 행동이 친구를 아프게 하고 상처를 주는 것인지를 알고 바르게 행동하도록 하는 것입니다.

지구 온난화 현상은 지구에 어떠한 영향을 미칠까요? 지구 온난화는 지표 부근의 기온이 장기적으로 상승하는 현상으로, 100년 동안 지구의 평균 기온은 0.6℃ 상승하였습니다. 이러한 기온의 상승은 극지방의 빙하를 녹게 하는데, 이미 북극의 빙하는 40%가 녹아 물이 되었습니다. 빙하가 녹으면 바닷물의 양이 많아지게 되어 해수면이 상승하게 됩니다. 해수면의 상승으로 인해 바다 가까이에 있는 육지는 물에 잠기기도 합니다.

또한, 지구 온난화는 기상 이변의 원인이 되기도 합니다. 더욱 빈번하게 발생하는 태풍으로 인하여 막대한 인명피해와 재산피해를 가져다주며, 폭우와 집중호우로 인해 도로가 끊기거나 마을이 물에 잠기는 등의 재해도 발생합니다. 지구 온난화 때문에 생기는 이러한 이상기후는 우리나라뿐만 아니라 전 세계 곳곳에서 발생하고 있는 심각한 환경 문제입니다. 인류의 미래를 위협하는 지구 온난화 문제를 해결하기 위해서는 전 세계인들의 노력이 필요합니다.

6
추론 및
결과 설명

추론 및 결과 설명

추론이란 글 자체에 직접 언급되지 않은 생각을 유추하여 의미를 도출하는 행동이다. 다시 말해서 글의 사실적 내용과 독자의 배경지식을 바탕으로 새로운 사실을 끌어내거나 결론에 도달하는 인지적 과정을 말한다. 추론은 정확하고 논리적인 도출이 되어야 하며, 추론을 통해 글의 미묘한 차이를 이해할 수 있다.

추론에 쉽게 접근하는 좋은 질문 중 하나는 '만약'을 사용하는 것인데 "만약 하늘에 하얀 구름이 떠 있다면, 그것은 진짜 하얗기만 할까? 아니면 자세히 살펴보면 회색도 섞여 있을까?"처럼 '만약'을 사용한 질문이다.

여기 어두운 상자에 무엇인가 들어있다. 학생에게 들어 있는 '무엇'에 대해 질문을 해 보았다.

"네가 이것을 처음 봤을 때(들었을 때, 먹었을 때, 만졌을 때) 이것에 대해 어떤 생각이 들었어?"

- 이것이 무엇인 것 같아?
- 그렇게 느낀 이유는 뭐야?
- 이것과 비슷한 게 뭐가 있을까?

이렇게 추론이란 직접 느낀 경험과 자신의 배경지식을 통해 고려하고 새로운 의미를 도출해 내는 인지 과정이다.

다음 문제를 읽고, 선택에 따른 결과를 예상해보세요.

1 내일 시험을 앞두고 공부를 더 할지, 잠을 잘지 망설이는 어린이

선택	결과
공부를 더 한다	· 시험이 쉽게 느껴졌다. · 평소 좋아하지 않았던 과목인데, 흥미가 생겼다. ·
잠을 잔다	· 시험이 어렵게 느껴졌다. · 문제가 쉬운 것 같았는데도 도저히 풀 수 가 없었다. ·

2 교실 내 맡은 구역을 청소할지, 그냥 집으로 갈지 망설이는 어린이

선택	결과
청소한다	· · ·
집에 간다	· · ·

3 숙제를 끝내고 놀지, 친구들과 야구게임을 먼저 할지 망설이는 어린이

선택	결과
숙제를 먼저 끝낸다	· · ·
야구 게임을 한다	· · ·

4 모둠 과제가 있어 도서관에서 모이기로 했는데 갈지 말지 고민하는 어린이

선택	결과
도서관에 간다	· · ·
도서관에 가지 않는다	· · ·

5 방학숙제를 미리 할지, 미뤄놓고 개학식 전날 한 번에 할지 고민하는 어린이

선택   결과

방학숙제를
한다

방학숙제를
미뤄서 한다

6 엄마께 받은 용돈을 저금할지, 장난감을 사는 데 모두 쓸지 고민하는 어린이

선택   결과

은행에
저금한다

장난감을
사는 데
모두 쓴다

183

7 좋아하는 이성 친구에게 좋아한다고 고백할지, 말하지 않고 속으로만 좋
아할지 고민하는 어린이

선택   결과

            ·

고백한다   ·

            ·

            ·

속으로만   ·
좋아한다
            ·

8 길을 걷다 떨어져 있는 5만 원짜리 지폐를 보고, 가질지 주인을 찾아줄지
고민하는 어린이

선택   결과

            ·

돈을 갖는다   ·

            ·

            ·

돈의 주인을   ·
 찾아준다
            ·

다음 직업을 보고 각 직업의 역할을 오른쪽에 정리해보세요. 그리고 본인이 맡은 일을 실천하지 않으면 그 결과가 어떻게 될지 예상해보세요.

역할

결과

환경미화원

역할

결과

경찰관

역할

결과

선생님

역할

결과

버스운전사

역할

결과

의사

역할

결과

군인

역할

결과

농부

역할

결과

우체부

역할

결과

소방관

다음 보기에 나타난 예방법들은 어떤 결과를 대비하기 위한 것인가요?

(1) 물이 잘 빠지지 않는 곳을 살핀다.

(2) 계곡에서 휴양 중인 사람들을 대피시킨다.

(3) 가건물, 비닐하우스 등은 버팀대를 대거나 단단히 묶는다.

(4) 고층아파트 등 대형 건물에 사는 주민은 유리창에 테이프를 붙여 파손에 대비한다.

① 내일부터 댐 건설을 위한 공사가 시작된다.

② 물 낭비가 심하여 물 부족 현상이 심화된다.

③ 내일은 태풍이 북상하여 비가 많이 올 것이다.

④ 내일 백화점 세일로 인하여 사람들이 많이 몰려들 것이다.

(1) 발열 기구를 오랫동안 사용하지 않는다.

(2) 가스레인지 사용 후 가스밸브를 잠근다.

(3) 눈에 띄는 곳에 소화기를 배치하고 사용법을 익혀둔다.

(4) 콘센트가 과열되지 않도록 여러 개의 플러그를 꽂지 않는다.

① 소화기를 밟아 가루가 분사되었다.

② 이번 달 난방요금이 많이 나왔다.

③ 가스 누출과 전열기구 과열로 화재가 났다.

④ 가스밸브를 잠가 가스레인지에 불을 붙일 수 없었다.

3

(1) 비 오는 날 밝은 옷을 입는다.

(2) 골목에서는 뛰지 않고 좌우를 살피며 걷는다.

(3) 신호등이 초록색인지 확인하고 횡단보도를 건넌다.

(4) 자전거를 타고 있다면, 길을 건널 때는 자전거에서 내리고 건넌다.

① 방심하다가 교통사고가 났다.

② 집 앞에 세워놓은 자전거를 분실했다.

③ 신호등이 고장이 나서 계속 깜빡거린다.

④ 횡단보도가 없는 곳에서 무단 횡단을 했다.

4

(1) 재채기를 할 경우 화장지로 입과 코를 가린다.

(2) 유동인구가 많은 곳에 갈 때는 마스크를 착용한다.

(3) 손을 자주 씻고, 손으로 눈, 코, 입을 만지는 것을 피한다.

(4) 발열, 코막힘, 기침 등의 증상이 있으면 즉시 병원을 방문한다.

① 지하철역에 화재가 나서 대피하였다.

② 다래끼가 나서 한쪽 눈이 떠지지 않는다.

③ 유행하고 있는 신종 인플루엔자에 감염되었다.

④ 겨울에 발열기구를 사용하지 않아 감기에 걸렸다.

다음 보기에 나타난 상황들로 보아 어떤 결과를 예상할 수 있나요?

1

(1) 비상 의약품을 준비한다.

(2) 각종 세면도구와 먹을 음식을 준비한다.

(3) 큰 가방을 준비하고 보호대와 방수옷을 챙긴다.

(4) 예약한 방의 호수와 입실/퇴실 시간을 확인한다.

① 할머니가 입원하셔서 문병을 간다.

② 우리 가족은 내일 강릉으로 이사를 간다.

③ 문화센터에서 하는 쿠킹클래스에 참가한다.

④ 내일 우리는 평창에 있는 스키장으로 캠프를 떠난다.

2

(1) 두꺼운 옷을 준비한다.

(2) 보조 난방 기구를 준비한다.

(3) 연료절감을 위해 보일러 내부를 청소한다.

(4) 새는 바람이 없게 창문이나 문 옆에 문풍지를 붙여둔다.

① 지진으로 바닥이 흔들렸다.

② 한겨울에도 우리 가족은 따뜻하게 지냈다.

③ 우리 집 보일러는 오랜 사용으로 고장이 났다.

④ 더운 여름날 에어컨이 고장 나 땀을 뻘뻘 흘렸다.

(1) 내일 입을 한복을 준비한다.

(2) 아빠는 장시간 운전에 앞서 자동차를 점검하신다.

(3) 며칠 동안 집을 비울 것을 대비해 문단속을 철저히 한다.

(4) 지난주, 조상의 묘에 자란 잡초를 베고 묘 주위를 정리했다.

① 예쁜 한복을 입고 결혼사진을 찍었다.

② 추석을 지내기 위해 할머니 댁에 갔다.

③ 문단속을 철저히 했는데, 도둑이 침입했다.

④ 자동차가 고장 나서 정비소에서 수리를 했다.

(1) 학교 책가방과 신발주머니를 준비한다.

(2) 닳거나 잃어버린 필기도구를 새로 준비한다.

(3) 계획적이고 규칙적인 생활을 했는지 반성해 본다.

(4) 밀린 숙제가 없는지 확인하고, 있다면 숙제를 끝낸다.

① 다른 학교로 전학을 간다.

② 곧 여름방학이 끝나고 개학을 한다.

③ 운동회날, 다른 반과 축구 시합을 한다.

④ 겨울방학이 시작되어 생활계획표를 만든다.

보기

(1) 엄마 대신 설거지를 도와드렸다.

(2) 편지를 써서 부모님을 기쁘게 해드린다.

(3) 색종이로 정성이 담긴 카네이션을 만든다.

(4) 퇴근하신 아버지의 어깨를 힘껏 주물러드린다.

① 오늘은 5월 5일 어린이날이다.

② 오늘은 5월 8일 어버이날이다.

③ 오늘은 5월 15일 스승의 날이다.

④ 오늘은 12월 25일 크리스마스이다.

6

보기

(1) 일기예보를 보고 날씨를 확인한다.

(2) 엄마가 김밥 쌀 재료를 준비하신다.

(3) 달리기 시합에서 우리 반이 1등을 할 거라고 다짐한다.

(4) 반 친구들과 함께 춤과 노래를 맞추며 응원 연습을 한다.

① 내일 최신 개봉 영화를 관람한다.

② 내일 친구들과 함께 영화관에 간다.

③ 내일 아이돌 그룹의 공연을 보러 간다.

④ 내일 우리 학교에서 가을 운동회가 열린다.

✎ 다음 사진을 보면서 두 가지 질문에 대답해보고 글로 적으세요.

① 무슨 일이 있었을까?

② 이런 문제가 발생하지 않으려면 어떻게 해야 할까?

①

②

①
----

②

①
----

②

① --

② --

① --

② --

① _____

② _____

① _____

② _____

① ....

② ....

① ....

② ....

7

관점 해석 및
견해 전달

관점 해석 및 견해 전달

우리는 의식적으로 노력하지 않아도 바로 다른 사람들을 파악할 수 있다. 외모, 목소리 등 그 사람에 대해 이미 알고 있는 것과 우리가 평소 갖고 있던 지식에 근거하여 타인에 대한 인상을 형성한다. 다른 사람에게 의도적으로 인상을 남기기 위해서는 상대방이 나에 대해 어떻게 생각하는지 또는 상대방의 관점을 파악할 필요가 있다.

본 장에 나와 있는 과제들은 학생들이 타인의 관점을 해석하기 위해 파악해야 할 핵심 요소가 무엇인지 이해하도록 도와줄 것이다.

학생들이 관점과 관련된 핵심 단어들에 익숙해지도록 한 후, 우리가 사람을 판단할 때 무엇에 근거하여 판단하는지 파악하게 한다. 이러한 과제들을 보충하기 위해 다양한 상황에서 사람들의 모습을 찍은 비디오나 동영상을 보여주어도 도움이 된다. 여러 가지 상황에서 사람들이 다음에 무슨 말을 할지 또는 무슨 행동을 할지 예상할 수 있도록 학생에게 충분히 시간을 주는 것도 좋다.

✏️ 사람들은 특정 상황에서 같은 느낌을 받을 수 있어요. 예를 들어, 많은 사람들 앞에서 이야기를 할 때 발표자는 긴장을 하게 되지요. 다음의 각 상황에서 어떤 느낌을 받는지 이야기해보세요.

1 친구에게 깜짝 생일 선물을 받았을 때

2 1시간 넘게 가야 하는데, 버스에 앉을 자리가 하나도 없을 때

3 물건 값을 내려는데, 지갑이 없어졌을 때

4 학교 수업시간에 늦었을 때

5 방학이 끝나갈 때

6 치통이 있을 때

7 친한 친구에게 무시당했을 때

8 부모님을 실망시켰을 때

9 방학이 시작되었을 때

10 약속 장소에서 오랜 시간 혼자 기다릴 때

11 숙제를 해야 하는데 컴퓨터가 전혀 작동하지 않을 때

12 친하지 않은 친구가 먼저 인사할 때

13 뜻하지 않게 친구를 다치게 했을 때

14 아무리 방 안을 돌아다녀도 스마트폰을 찾을 수 없을 때

15 뉴스 속보를 하느라, 보고 있던 만화영화가 중단되었을 때

16 학원에 늦어서 뛰어가던 중, 가방이 열려있어서 필통과 책이 길거리에
다 쏟아졌을 때

17 열심히 공부해서 좋은 성적을 받았을 때

18 내가 가려는 곳과 반대 방향으로 버스를 탔을 때

19 여러 사람에게 칭찬받았을 때

20 거리에서 만난 외국인이 못 알아듣는 말로 질문할 때

학생에게 여러 가지 상황들을 읽어주고 그 상황에 대해 이런 질문을 할 것이라고 이야기해 보세요.

질문

- 각 인물들에 대해 어떻게 느꼈니?
- 그렇게 말하는 이유는 무엇이지?
- 언제, 그리고 왜 그렇게 느꼈니?

1. 어제부터 연미는 재규에게 "나와 같이 도서관에서 공부할래?"라고 다섯 번도 넘게 물었다.

2. 민성이와 이복동생 민철이는 또 말다툼을 하였다. 늘 그렇듯이 아버지는 이복동생 편만 드신다.

3. 부영이는 달리기경기에서 최선을 다했지만 여전히 2등을 하였다.

4. 휘성이는 제일 친한 친구 소희처럼 좋은 옷과 가방, 구두를 더 많이 가지고 싶다. 소희는 자기 가족도 휘성이네 가족처럼 대화도 많이 하고 재미있었으면 좋겠다고 생각했다.

5. 정현이는 피아노 콩쿠르 대회에서 연주를 망쳤다고 생각했다. 그러나 선생님은 "정현아, 네가 지금까지 쳤던 곡 중 이번이 최고였어. 정말 완벽했다!"라고 말씀하셨다.

6 육상 경기 대회가 비로 인해 6일 연속 연기되었다. 동민이는 비가 그치면 축축한 트랙을 빨리 달릴 수 있을지 걱정되어 잠이 오지 않았다.

7 윤서의 엄마는 매일 학교로 윤서를 데릴러 오시는데 오늘도 20분이나 늦게 오셨다. 만약 10분만 더 늦었더라면, 윤서는 영어 학원에 지각했을 것이다.

8 미소와 민지는 방학 숙제를 들고 와 교탁 위에 올려놓았다. 민지는 컴퓨터로 작업했는데 마치 작품처럼 보였다. 반면 미소는 손으로 작업하였는데 여기저기 번져 있었다.

9 경애는 채점한 시험지를 받아보고 웃었지만 민혁이는 한숨을 쉬었다. 민혁이는 경애 앞에서 본인의 시험지를 차마 펼칠 수가 없었다.

10 소미는 손으로 양쪽 귀를 틀어막았다. 부모님은 또다시 싸우기 시작했고 소미는 그 소리가 듣기 싫었다.

11 단짝인 정아가 오늘은 나와 눈도 마주치지 않고, 말도 걸지 않았다. 정아뿐만 아니라 우리 반 아이들 모두 내 뒤에서 나를 보며 수군거렸다.

다음 박스들을 자르세요. 학생들에게 박스 안에 제시된 인물에 대해 간단히 묘사해주세요. 학생들은 역할에 맞는 실제 인물의 이름을 말하거나 역할에 맞는 일반적인 캐릭터로 연기할 수 있어요.

학생들이 그 캐릭터로 가장하여 자기 자신을 소개할 수 있도록 해보세요(단, 캐릭터 이름은 말하지 않기). 다른 학생들의 질문에도 계속 그 캐릭터인 척하며 대답해보세요. 활동 마지막에 캐릭터가 일반적으로 갖고 있는 특징을 가장 잘 연기한 사람이 누구인지 평가해보세요. (259~261 부록 페이지로)

✏️ 다음 글을 읽고 찬성과 반대에 해당하는 사람의 이름을 적으세요.

사회자 초등학생 일기검사가 필요합니까?

민지 일기에 적힌 생각이나 하루일과 등은 부모님이나 선생님께 할 수 없는 자신만의 이야기를 적어놓는 곳이다. 이러한 것을 누군가가 확인한다는 것은 옳지 못하다고 생각한다.

은지 일기에 적힌 행동들을 부모님이나 선생님께서 읽어봄으로써 고쳐야 하는 행동, 평소 습관들을 알게 되고 고칠 수 있는 계기가 된다.

윤지 일기 검사를 함으로써 꾸준히 과제를 하는 것에 대한 습관을 기를 수 있다. 비록 강제적인 면이 있으나 좋은 습관을 형성해야 하는 시기에 꾸준한 습관을 기를 수 있다.

찬성   반대

사회자 초등학생에게 스마트폰이 필요합니까?

찬우 요즘같이 위험한 세상에 위급한 일이 생기거나 무서운 일이 생겼을 경우 신속한 연락을 위해 필요하다.

상우 친구와의 연락을 위해 필요한 것 같다. 스마트폰 카톡 등을 통해 방과 후 시간에도 연락을 주고받으면서 우정을 쌓을 수 있다.

진우 스마트폰을 사용하면 아직 주관이 잡혀 있지 않고 자기조절능력이 부족한 초등학생들이 무분별한 사용에 노출될 수 있다. 게임 중독, 인터넷 중독 등으로 이어질 수 있고, 결과적으로 학업 부진, 학교 부적응, 범죄로 이어질 가능성이 높다.

찬성	반대

사회자 학교 급식을 남기지 않고 반드시 다 먹어야 합니까?

예주 사람마다 먹을 수 있는 음식의 양이 정해져 있으며, 원치 않게 많이 배식받을 경우 무리해서 다 먹다가 체할 수도 있다. 오히려 더 건강에 좋지 못하다고 생각한다.

민주 음식을 낭비하면 안 된다. 세계 각지의 난민들은 음식이 없어서 먹지 못하는데 남기는 건 옳지 못하다고 생각한다.

선주 편식을 하지 않기 위해서 음식을 다 먹어야 한다고 생각한다. 음식을 남겨도 된다고 하면 먹기 싫어하는 음식은 먹지 않게 될 것이고 그러면 계속 편식을 하게 된다.

찬성   반대

사회자　초등학생의 화장, 염색은 바람직한가?

혜영　초등학생들이 적은 용돈으로 화장품을 사는 것은 부담이 된다. 화장품을 사느라 용돈을 다 써버리면 정작 필요한 준비물을 사지 못하게 된다.

지영　요즘은 개성시대다. 화장과 염색 또한 개성을 나타내는 방법 중 하나가 될 수 있다. 그렇기 때문에 학업에 크게 지장을 주지 않는다면 염색이나 화장은 해도 괜찮다.

보영　화장품에는 피부에 좋지 못한 성분들이 포함되어 있다. 따라서 아직 완전히 성장하지 않은 초등학생에게는 좋지 않다. 특히 비싼 화장품을 살 수 없는 초등학생들은 유해성분이 많이 포함된 화장품을 쓸 수 밖에 없다.

　　　　　　찬성　　　　　　　　　　　　　　반대

사회자 중학생들 모두 교복을 입게 하는 것이 좋은가?

원중 교복을 입으면 소속감을 느낄 수 있다. 사춘기에 교복을 입음으로써 같은 학교에 다닌다는 소속감과 안정감을 느낄 수 있다.

지운 획일적인 복장은 학생의 개성을 존중하지 않는 것이다. 교복은 학생들의 개성을 드러낼 수 없고, 강제적으로 개성을 무시하면 창의성도 길러질 수 없다.

지호 빈부격차를 느낄 수 없다는 장점이 있다. 사복을 입게 되면 비싼 브랜드 옷을 입는 아이들로 인해 학교 내 위화감이 조성되고, 교우 관계도 나빠질 수 있다. 교복을 입게 되면 그런 문제가 없어진다.

찬성   반대

사회자 초등학생들이 '~데이(예: 빼빼로 데이, 발렌타인데이 등)'를 챙기는 것이 바람직한가?

지호 초등학생이 구입하기에는 버거운 가격의 물건들이 많다. 초등학생들의 적은 용돈으로 이것을 챙기기에는 부담이 된다. 그리고 이러한 데이는 날짜가 몰려 있는 경우가 많아서 더욱 부담스럽다.

지영 인기 있는 학생과 인기 없는 학생이 차이가 나게 되고 선물을 받지 못한 학생들은 소외감을 느끼게 된다.

보영 이러한 데이를 챙김으로써 친구들에게 우정을 표현할 수 있다. 평소에 친해지고 싶었지만 다가가지 못했던 친구에게 이러한 선물을 건넴으로써 친구들과 친해질 수 있는 계기를 만들 수 있다.

　　　　　찬성　　　　　　　　　　　　반대

8

통합적 사고

통합적 사고

본 장에서는 다양한 상황을 제시한 후, 학생들이 탐구하고 대응하기 위한 사고기술을 연습해보도록 할 수 있다. 각 상황은 특정 상황 맥락의 사진과 간단한 설명이 포함되어 있다.

질문상황은 일반적으로 위계적으로 배열되어 있고, 특정 상황과 관련하여 생각하고 각 질문을 고려하여 적절한 응답을 표현하게 할 수 있다. 학생 개인이나 그룹은 일반 토론에서 자신의 관찰과 의견을 추가할 수 있다. 예를 들어, '지하철로 안전하게 여행할 수 있는 좋은 방법은 무엇입니까?'라는 질문에 대해 학생들은 다음과 같이 여러 유형의 대답을 할 수 있다.

- 혼자 여행가지 마세요.
- 자신이 가야 할 곳을 확실히 확인하세요.
- 아무하고도 이야기하지 마세요.
- 지하철 노선도를 미리 뽑아가세요.
- 친구나 가족이 없다면 혼자 화장실을 사용하지 마세요.
- 휴대전화를 사용하세요.
- 플랫폼 끝에 서 있지 마세요.
- 지하철 타고 가지 마세요. 대신 버스나 도보를 이용하세요.

치료 시 여러 상황들을 조성하고, 자신의 상황과 생각들을 논의하도록 한다. 학생들이 이러한 상황에 익숙해지면, 그림들을 선택하거나 가상적 상황(예: 가정된 행동, 구조화된 행동)에서 흥미로운 질문들을 읽거나 듣고 수행하도록 요구해본다.

✏️ 예시와 같이 두 낱말을 합쳐서 한 낱말로 만들 때에는 'ㅅ'이라는 낱자가 필요합니다. 두 낱말을 합쳐서 한 낱말을 만들어보고, 그 낱말을 넣어 글을 지어 보세요.

수도 + ㅅ + 물 = 수돗물
나는 수돗물을 끓여서 먹습니다.

1 나무 + 가지 = _____

_____

2 배 + 속 = _____

_____

3 바다 + 물 = _____

_____

4 위 + 이 = _____

_____

5 나무 + 잎 = _____

_____

6 이 + 몸 = _____

_____

7 수 + 자 = _____

_____

다음의 속담과 뜻이 통하는 내용을 아래의 박스 안에서 골라 보세요.

① 서로 비슷한 것끼리 한편이 된다는 뜻

② 아무리 재미있고 즐거운 일도 배가 부른 뒤에 구경해야 좋다는 뜻

③ 몸집이 작은 사람이 큰 사람보다 재주나 힘이 더 세거나 야무질 때 쓰는 말

④ 자기의 생활이 좋아지면 예전에 어렵고 힘들었던 일은 생각하지 못한다는 뜻

⑤ 어려운 일이 생겼을 때, 일이 풀리지 않고 점점 더 힘들고 어려워지는 것을 두고 하는 말

⑥ 이웃끼리 서로 친하게 지내면 먼 곳에 사는 친척들보다도 더 친하다는 말

⑦ 목표 없이 남이 하는 대로만 따라서 행동하는 사람을 두고 하는 말

⑧ 말만 잘하면 안 좋은 것도 피할 수 있다는 뜻

말로 천 냥 빚을 갚는다.　　　　- - - - - - - - -

친구 따라 강남 간다.　　　　- - - - - - - - -

가까운 이웃이 먼 친척보다 낫다.　　　　- - - - - - - - -

가재는 게 편이다.　　　　- - - - - - - - -

갈수록 태산이다.　　　　- - - - - - - - -

개구리 올챙이 적 생각을 못 한다.　　　　- - - - - - - - -

작은 고추가 맵다.　　　　- - - - - - - - -

금강산도 식후경　　　　- - - - - - - - -

✏️ 다음의 속담과 뜻이 통하는 내용을 아래의 박스 안에서 골라 보세요.

① 나쁜 짓만 하던 사람이 갑자기 착한 일을 했을 때 쓰는 말

② 일을 할 때 각자 자기주장만 하거나, 간섭하는 사람이 많으면, 실패할 수 있다는 뜻

③ 아는 게 많지 않은 사람이 더 아는 척한다는 뜻

④ 말은 쉽게 퍼지므로 언제나 말을 조심해서 해야 한다는 뜻

⑤ 주변의 친척이나 이웃이 잘되는 것을 보면 괜히 질투하는 사람을 두고 하는 말

⑥ 철없이 함부로 덤비는 것을 가리키는 말

⑦ 아무리 적은 것이라도, 계속 모으면 큰 것을 이루게 된다는 뜻

⑧ 자기가 잘못해 놓고 여러 가지 핑계를 대는 사람을 이르는 말

1 티끌 모아 태산이다. _ _ _ _ _ _ _

2 핑계 없는 무덤이 없다. _ _ _ _ _ _ _

3 하룻강아지 범 무서운 줄 모른다. _ _ _ _ _ _ _

4 해가 서쪽에서 뜨겠다. _ _ _ _ _ _ _

5 사공이 많으면 배가 산으로 올라간다. _ _ _ _ _ _ _

6 사촌이 땅을 사면 배가 아프다. _ _ _ _ _ _ _

7 발 없는 말이 천 리 간다. _ _ _ _ _ _ _

8 빈 수레가 더 요란하다. _ _ _ _ _ _ _

✏️ 다음의 속담과 뜻이 통하는 내용을 아래의 박스 안에서 골라 보세요.

① 자기 자식이 잘났든 못났든 간에 무조건 예뻐하고 편을 든다는 뜻

② 작은 일이라도 나쁜 일을 하다 보면 버릇이 되어 나중에는 큰 잘못을 저지른다는 뜻

③ 잘되어 가던 일이 누군가에 의해 잘못되어 망쳤을 때 쓰는 말

④ 값이 싼 물건은 품질도 나쁠 수밖에 없다는 말

⑤ 어차피 하기 어려운 일을 가능하지도 않은 방법으로 계속하려고 하는 것을 이르는 말

⑥ 기분이 상했을 때에는 아무런 말도 못 하고 있다가 다른 곳에 가서 그 일과 관계없는 사람에게 괜히 화를 낸다는 뜻

⑦ 자신과는 상관없는 남의 일에 대해서는 너무 무관심한 반응을 보일 때 쓰는 말

⑧ 자신의 체면은 생각하지 않고, 이득이 되는 데만 붙어서 아부하는 사람을 두고 이르는 말

1 간에 가서 붙고 쓸개에 가서 붙는다.　　———————

2 값싼 것이 비지떡　　———————

3 강 건너 불구경하듯 한다.　　———————

4 계란으로 바위 치기　　———————

5 다 된 밥에 재 뿌리기　　———————

6 동쪽에서 뺨 맞고 서쪽에서 화풀이한다.　　———————

7 바늘 도둑이 소 도둑 된다.　　———————

8 고슴도치도 제 새끼는 귀엽다고 한다.　　———————

✏️ 아래의 속담은 어떤 뜻을 갖고 있을까요? 인터넷에서 그 뜻을 찾아보고, 글로 적어 보세요.

예시

무소식이 희소식이다.

[인터넷 검색] 큰 탈 없이 잘 지내고 있으면 연락을 안 하지만, 큰 일이 생기게 되면 연락을 하므로 소식이 없는 것이 즐거운 소식이라는 뜻.

1 돌다리도 두들겨 보고 건너라.

2 천 리 길도 한 걸음부터

3 가는 말이 고와야 오는 말도 곱다.

4 누워서 떡 먹기

5 굼벵이도 구르는 재주가 있다.

6 남의 떡이 커 보인다.

✏️ 아래의 속담은 어떤 뜻을 갖고 있을까요? 인터넷에서 그 뜻을 찾아보고, 글로 적어 보세요.

━━━━ ★ ━━━ 예시 ━━━ ★ ━━━━

언 발에 오줌 누기

[인터넷 검색] 언 발을 녹이려고 오줌을 누면, 처음에는 잠시 녹는 것 같지만 나중에는 오줌까지 얼게 됨. 급한 일을 잠깐 피하려다가 오히려 더 나쁘게되었다는 뜻.

1 엎친 데 덮친 격이다.

_____

_____

2 목마른 놈이 우물을 판다.

_____

_____

3 손뼉도 마주쳐야 소리가 난다.

_____

_____

4 못 먹는 감 찔러나 본다.

_____

_____

5 바늘허리에 실 매어 쓰랴.

_____

_____

6 가는 정이 있어야 오는 정이 있다.

_____

_____

다음의 속담을 이용해서 긴 글을 지어 보세요.

이웃사촌
진수네 집과 우리 집은 이웃사촌이야. 이모네 식구 하고는 일 년에
한두 번밖에 못 만나는데, 진수네 집 하고는 거의 매일 만나.

1 발 없는 말이 천 리 간다.

----

2 낮말은 새가 듣고 밤말은 쥐가 듣는다.

----

3 식은 죽 먹기

----

4 남의 떡이 커 보인다.

----

5 사촌이 땅을 사면 배가 아프다.

----

6 빈 수레가 더 요란하다.

다음의 속담을 이용해서 긴 글을 지어 보세요.

고습도치도 제 새끼는 귀엽다고 한다.

우리 언니가 아기를 낳았는데, 사실 조금 못생겼어. 그런데 고습도치도
제 새끼는 귀엽다고 한다더니, 우리 언니도 아기가 너무 예쁘다고 말하더라.

1 밑 빠진 독에 물 붓기

----

2 갈수록 태산이다.

----

3 무소식이 희소식이다.

----

4 벼는 익을수록 고개를 숙인다.

----

5 핑계 없는 무덤이 없다.

----

6 사공이 많으면 배가 산으로 간다.

다음의 속담을 잘 읽어본 후, 뜻이 같은 속담끼리 줄로 연결해 보세요.

1 다 된 죽에 코풀기 ─────────────── 다 된 밥에 재 뿌리기

2 먼 사촌보다 가까운 이웃이 낫다   식은 죽 먹기

3 낙숫물이 댓돌을 뚫는다   맛있는 음식도 늘 먹으면 싫다

4 숯이 검정 나무란다   이웃사촌

5 남의 떡이 커 보인다   남의 밥에 있는 콩이 굵어 보인다

6 땅 짚고 헤엄치기   똥 묻은 개가 겨 묻은 개 나무란다

7 듣기 좋은 이야기도 늘 들으면 싫다   가랑비에 옷 젖는 줄 모른다

다음의 속담을 잘 읽어본 후, 뜻이 같은 속담끼리 줄로 연결해 보세요.

콩 심은 데 콩 나고 팥 심은 데 팥 난다　　　　　　　　뿌린 대로 거둔다

바늘 가는 데 실 간다　　　　　　　　　　　　　　　첫술에 배부르랴

천 리 길도 한 걸음부터　　　　　　　　　　　　　　구름 가는 데 비 간다

구관이 명관　　　　　　　　　　　친구는 옛 친구가 좋고 옷은 새 옷이 좋다

우물에 가서 숭늉 찾는다　　　　　　　　　　　　　　말은 적을수록 좋다

산 넘어 강　　　　　　　　　　　　　　　　　　　　갈수록 태산이다

침묵은 금　　　　　　　　　　　　　　　　　바늘허리에 실 매어 쓰랴

✏️ 광고를 보고 묻는 말을 써 넣어 보세요.

알뜰시장 할인 대축제

- **기간** 8월 5일~8월 8일(단, 4일간)
- **장소** 한국 백화점
- **영업시간 안내**
  - 평일: 오전 10시~오후 8시
  - 토/일요일: 오전 10시~오후 2시

❖ **물건을 구입하신 모든 분들께 사은품을 드립니다.** ❖
사은품: 빨래세제 1통

1 행사 기간은 언제부터 언제까지 입니까?

_____ 월 _____ 일 부터 ~ _____ 월 _____ 일 까지

2 물건을 사면 사은품으로 무엇을 주나요?

3 광고에 나온 단어 중, '알뜰'의 뜻이 무엇인가요?

✏️ 다음의 내용을 읽고 맞는 내용에는 ○, 틀린 내용에는 ×를 하세요.

알림장

학부모님 안녕하십니까? 한국초등학교 교장 김대한입니다. 만물이 소생하는 따스한 봄날에, 우리 한국초등학교 아이들의 운동회가 본교 운동장에서 열립니다. 저학년 학생들은 오전 시간에, 고학년 학생들은 오후 시간에 운동회를 가질 예정이오니, 자녀분들의 사랑스러운 모습을 보시고 싶어 하는 학부모님들께서는 당일 학교 운동장으로 오시기 바랍니다. 감사합니다.

- **날짜** 5월 3일, 수요일
- **학년 구분** (저학년) 1~3학년 (고학년) 4~6학년
- **일정** (오전시간) 오전 9시~12시
  (점심시간) 오후 12시~1시 ☞ 아이들에게 간단한 도시락을 준비해 주십시오.
  (오후시간) 오후 1시~4시
- **종목** 공굴리기, 줄다리기, 꼭두각시춤, 부채춤, 청백계주

※ 비가 올 경우, 운동회는 취소됩니다. 모든 학생들은 원래대로 등교 바랍니다. ※

1학년은 오후 2시에 운동회를 한다.   - - - - - - - -

운동회 날 비가 오면 학교에 가지 않는다.   - - - - - - - -

운동회는 중학교 운동장에서 열린다.   - - - - - - - -

부모님은 운동회에 참석할 수 없다.   - - - - - - - -

운동회 종목으로는 줄다리기, 청백계주, 공 굴리기가 있다.   - - - - - - - -

✏️ 다음의 내용을 읽고 맞는 내용에는 ○, 틀린 내용에는 ×를 하세요.

❖ 빛나리 초등학교 '회장' 선거 실시 ❖

우리 학교를 위해 일 할 일꾼을 뽑습니다

- **회장 후보 등록 기간** 3월 3일~3월 7일 (월요일~금요일)
- **등록장소** 학교 안, 양호실 옆 선거사무소
- **선거사무소 운영시간** 오전 9시~11시, 오후 1시~3시

※ 총 5명의 후보만 받습니다.
　 5명의 후보가 다 채워지면, 더 이상 후보등록을 받지 않습니다.

※ 회장 선거에는 4학년~6학년 학생들만 참여할 수 있습니다.

1 후보 등록은 주말에도 받는다.

2 수요일 오전 11시 반에 가면 후보 등록을 할 수 있다.

3 후보 등록장소는 학교 밖에 있는 사무소이다.

4 광고에 나온 '일꾼'은 공사장에서 일하는 아저씨를 뜻한다.

5 이 선거는 학급 반장을 뽑는 것이다.

6 2학년도 후보로 등록할 수 있다.

7 후보 등록은 인원수에 제한이 없다.

227

현경이네 반 아이들은 어린이날에 다음과 같은 선물을 받고 싶어 합니다. 질문을 잘 읽고 맞는 답을 적어 넣어 보세요.

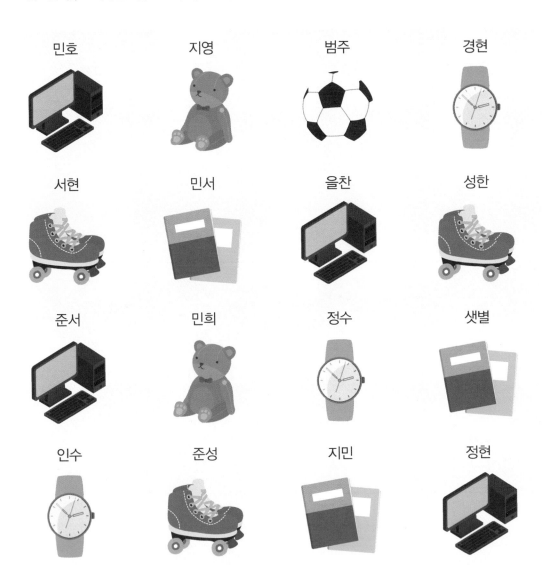

아이들이 받고 싶어 하는 선물은 모두 무엇인지 종류를 적어 보세요.

- -

컴퓨터를 선물 받고 싶어 하는 친구는 누구누구인가요?

- -

아이들이 가장 많이 받고 싶어 하는 선물은 무엇인가요?

- -

한국 병원에 오늘 예약된 환자 명단입니다. 질문을 잘 읽고 맞는 답을 적어 넣어 보세요.

김철수	김선형	김보배	강기만
진료과: 이비인후과	진료과: 정형외과	진료과: 치과	진료과: 정형외과
예약시간: 오후 1시	예약시간: 오후 2시	예약시간: 오전 11시	예약시간: 오후 2시 반

나연우	나고만	박수아	박현아
진료과: 치과	진료과: 이비인후과	진료과: 치과	진료과: 정형외과
예약시간: 오전 10시	예약시간: 오후 2시	예약시간: 오전 9시	예약시간: 오전 10시

한우람	정혜인	장아름	이효림
진료과: 이비인후과	진료과: 이비인후과	진료과: 치과	진료과: 이비인후과
예약시간: 오전 11시	예약시간: 오후 4시	예약시간: 오전 9시 반	예약시간: 오전 10시

진료안내

이비인후과	4층	• 대기실은 각 층에 있습니다.
정형외과	3층	• 예약하신 환자분은 접수하시지 말고 각 과로 바로 올라오십시오.
치과	2층	• 치과는 오전 진료만 합니다.
접수창구	1층	• 진료비 계산은 접수창구로 가십시오.

1 오늘 예약 환자가 가장 많은 진료과는 무엇인가요?

---

2 진료비 계산은 몇 층에서 해야 하나요?

---

3 정형외과에 예약한 환자 중, 오후에 진료받는 환자는 누구누구인가요?

---

4 치과 대기실은 1층에 있나요?

Menu

분식		양식	
떡볶이	3,500원	돈까스	4,500원
라면	3,000원	스파게티	5,000원
오뎅	500원/개	피자	9,000원/한 판

중식		한식	
자장면	4,500원	비빔밥	6,000원
짬뽕	5,500원	불고기덮밥	5,000원
탕수육	12,000원	정식	7,000원

※ 물과 밑반찬은 셀프입니다.　　※ 제시된 가격은 1인분 기준입니다.

1 미지는 떡볶이 2인분과 탕수육 1접시, 피자 한 판을 포장해 집으로 갔다. 미지가 한국식당에서 산 음식의 총액은 얼마일까요?

① 25,000원　　　② 26,000원　　　③ 28,000원　　　④ 30,000원

2 지수는 자장면을 먹고 민영이는 짬뽕을 먹었다. 그리고 탕수육 1접시를 시켜 함께 먹고, 서로 밥값의 절반을 나눠서 냈다. 다음 설명 중 옳지 않은 것은 무엇일까요?

① 지수와 민영이가 먹은 점심값은 총 22,000원이다.

② 지수와 민영이는 각각 11,000원씩 지불했다.

③ 물과 밑반찬은 무료로 준다.

④ 지수는 중식을, 민영이는 분식을 먹었다.

다음 지하철 운임표를 보고 물음에 답해보세요.

KTX

대구역　칠성시장　신천　동대구역　큰고개　아양교　동촌　해안　방촌

기본 운임료

어른	1,000원
중, 고등학생	700원
초등학생	500원

출발역에서 3개 역까지 이동 시 추가 요금이 발생하지 않습니다.

출발역에서 3개 역 초과 시, 1개 역이 초과될 때마다 100원의 요금이 추가됩니다.

1. 중학생인 상우는 칠성시장역에서 해안역까지 지하철을 타고 이동하려고 한다. 상우가 지불해야 할 지하철 요금은?

　① 800원　　　② 1,100원　　　③ 1,000원　　　④ 1,300원

2. 지희와 나라는 초등학교 여름방학을 맞아 KTX를 타고 할머니 댁에 놀러 가려고 한다. 지희와 나라의 집은 동촌역 근처이다. 지하철을 타고 기차역까지 이동하기 위해 지희와 나라가 지불해야 할 전체 운임료는 얼마인가요?

　① 500원　　　② 1,000원　　　③ 1,400원　　　④ 2,000원

✏️ 다음 운동회 초대장을 보고 질문에 답해보세요.

샛별초등학교 운동회에 여러분을 초대합니다.

안녕하세요?

샛별초등학교 가을 운동회가 열립니다.

- **일시** 2019년 9월 14일(월)
- **장소** 샛별초등학교 중앙 운동장
- **준비물** 점심도시락, 경품 추첨번호표(초대장),
  체육복, 응원도구 등

경품
추첨번호
10

1. 오늘은 2019년 9월 10일입니다. 샛별초등학교 운동회는 오늘로부터 며칠 뒤에 열리나요?

① 이틀 후   ② 사흘 후   ③ 나흘 후   ④ 닷새 후

2. 샛별초등학교 운동회의 초대장을 보고 알 수 없는 내용은 무엇일까요?

① 샛별초등학교의 운동회는 봄과 가을 2번 열린다.

② 운동회 초대장은 경품 추첨할 때 번호표로 쓰인다.

③ 샛별초등학교 운동회에서는 응원하는 모습도 볼 수 있다.

④ 샛별초등학교 운동회 때 점심은 학교에서 제공해주지 않는다.

✏️ 다음 주간 날씨예보를 보고 답해보세요.

10월 주간 날씨예보

요일	날씨	오전 기온	오후 기온
월		5℃	10℃
화		10℃	17℃
수		8℃	15℃
목		10℃	19℃
금		6℃	11℃
토		9℃	13℃
일		8℃	10℃

1 유라는 화요일에 놀이공원으로 가을소풍을 갑니다. 유라가 꼭 준비해야 할 물건은 무엇일까요?

① 우산　　　　② 양산　　　　③ 선글라스　　　　④ 목도리

2 주간 날씨예보를 보고 가장 온도가 낮은 때와 높은 때를 바르게 짝지은
   것은 무엇일까요?

   ① 월요일 오전 / 화요일 오후

   ② 월요일 오전 / 목요일 오후

   ③ 금요일 오전 / 화요일 오후

   ④ 금요일 오전 / 일요일 오후

3 주간 날씨예보를 보고 일교차가 가장 큰 요일과 작은 요일을 바르게 짝
   지은 것은 무엇일까요?

   ① 수요일 / 일요일

   ② 금요일 / 토요일

   ③ 목요일 / 일요일

   ④ 금요일 / 토요일

   ▶ 일교차 : 하루의 최고기온과 최저기온의 차이

민혜와 수지가 은행에서 공과금을 납부하려고 해요. 다음 표를 보고 문제를 풀어 보세요.

청구서

	전기세	수도세
민혜	15,000원	7,000원
수지	–	5,000원

※ 공과금을 내기 위한 절차

각자 번호표를 뽑는다(한 분씩 뽑으세요) → 자신의 번호가 전광판에 뜨면 창구로 간다 → 공과금 청구서와 돈을 창구에 낸다 → 영수증을 받고 거스름돈을 확인한다

1 다음 설명 중 맞지 않는 것은 무엇일까요?

① 민혜와 수지는 각자 번호표를 뽑아야 한다.

② 수지는 전기세와 수도세를 모두 지불해야 한다.

③ 수지와 민혜는 창구로 직접 가서 공과금을 지불해야 한다.

④ 민혜는 공과금으로 30,000원을 내고 거스름돈으로 8,000원을 받았다.

2 은행에서는 공과금 납부 외에도 또 어떠한 일들을 처리할 수 있을까요? 다음 단어들을 참고하여 이야기해 보세요.

예금, 출금, 적금, 보험, 대출

✏️ 다음의 설명을 읽고, 아래의 놀이기구를 오려 알맞은 위치에 배치해 보세요.
(263 부록 페이지로)

피터팬 놀이공원은 높은 곳에서 내려다보면 큰 원모양을 하고 있다. 입구의 매표소를 기준으로 놀이공원을 한 바퀴 도는 데 1시간이 걸린다. 매표소의 맞은편에는 회전목마가 있는데, 약 30분을 걸어가야 나온다. 매표소에서 오른쪽으로 10분 정도 걸어가면 롤러코스터가 있다. 가던 방향으로 10분을 더 걸어가면 바이킹이 있으며, 10분을 또 걸으면 회전목마가 나온다. 회전목마에서 롤러코스터가 있는 방향의 반대방향으로 15분 정도 내려오면 귀신의 집이 있다. 귀신의 집에서 다시 15분을 내려오면 입구의 매표소가 나온다.

피터팬 놀이공원

매표소

✏️ 우리 동네 목욕탕 정보를 보고 물음에 답해보세요.

목욕탕 이용정보

요금	성인 남자	성인 여자	5세 이상 아동~청소년
	4,200원	4,000원	2,500원

휴무일	매주 화요일

준비물	이용요금, 치약, 칫솔, 샴푸, 린스, 비누, 때타올 (수건만 무료로 제공합니다.)

약도

[학교] [은행] [목욕탕] [식당]
[시장] [우체국] [집]
횡단보도

1 약도를 보고 집에서 목욕탕에 가기 위한 설명으로 맞지 않은 것은?

① 집에서 목욕탕을 가기 위해서는 횡단보도를 2번 건너야 한다.

② 집에서 우체국을 지나가거나 식당을 지나서 목욕탕에 갈 수 있다.

③ 목욕탕은 시장 맞은편에 있다.

④ 집에서 학교까지 가는 길보다 목욕탕까지 가는 길이 더 가깝다.

2 목욕탕 이용에 대한 설명으로 맞지 않은 것은?

① 아빠와 3살인 아들이 함께 목욕탕에 가면 6,700원을 내야 한다.

② 목욕탕에 가면서 비누, 샴푸, 린스를 준비해 가야 한다.

③ 6세 아동은 요금을 내야 한다.

④ 목욕탕은 화요일에는 항상 문을 열지 않는다.

다음은 희망병원의 층별 진료과와 오전, 오후 예약 환자를 나타낸 표입니다. 다음 표를 보고 질문에 답해보세요.

5층 정형외과

4층 이비인후과

3층 치과

2층 안과

1층 내과

지하

❖**희망병원 안내사항**❖

- 병원 내에서는 소음을 삼가세요.
- 예약을 하신 환자분은 예약시간 10분 전까지는 반드시 병원에 도착할 수 있도록 해주세요(시간을 어기면, 진료를 받을 수 없습니다).
- 접수와 수납은 1층에서 처리합니다.
- 접수 후에 진료받으실 과가 있는 층으로 바로 이동해주세요.
- 주차장은 지하에 있습니다.
- 진료시간은 AM 9:00부터 PM 6:00까지입니다.
- 수납은 진료를 받으신 후, 해 주세요.

오전 예약 환자			오후 예약 환자		
시간	진료과	이름	시간	진료과	이름
AM 10:00	안과	김○○	PM 3:00	내과	한○○
AM 10:30	정형외과	나○○	PM 3:40	치과	정○○
AM 10:00	내과	최○○	PM 4:30	이비인후과	이○○
AM 11:00	내과	구○○	PM 5:30	안과	전○○
AM 11:20	치과	지○○	PM 5:30	정형외과	박○○

다음 중 희망병원에 대한 설명으로 맞지 않는 것은?

① 희망병원의 주차장은 지하에 있다.

② 희망병원은 접수와 수납을 같은 층에서 처리한다.

③ 희망병원은 오전 9시부터 오후 6시까지 진료한다.

④ 희망병원은 접수 후에 대기하다가 호명하면 각 층으로 이동한다.

다음 중 희망병원의 예약 목록에 대한 설명으로 맞지 않은 것은?

① 오전 예약이 된 환자는 모두 5명이다.

② 지○○은 접수 후에 바로 3층으로 이동해야 한다.

③ 최○○, 구○○, 한○○은 1층 같은 과에서 진료를 받을 예정이다.

④ 나○○은 오전 10시 30분에 예약이 되어 있으므로 10시까지는 무조건 병원
에 도착해야 한다.

희망병원 안내사항을 보고 알 수 있는 것을 고르세요.

① 접수와 수납은 진료 전, 한 번에 이뤄진다.

② 희망병원의 응급실은 1층에 위치하고 있다.

③ 희망병원은 지하 3층~지상 5층으로 이루어진 건물이다.

④ 오전 10시에 예약된 환자가 9시 55분에 병원에 도착하면 진료를 받지 못한다.

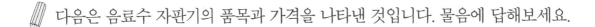

다음은 음료수 자판기의 품목과 가격을 나타낸 것입니다. 물음에 답해보세요.

위 자판기에 대한 설명으로 옳지 않은 것을 고르세요.

① 음료수 중 제일 비싼 것은 800원이다.

② 자판기에서는 10종류의 음료수를 팔고 있다.

③ 콜라와 파워에이드를 먹기 위해서는 1,400원이 필요하다.

④ 자판기에는 이름은 같지만, 다른 맛을 가진 음료수가 있다.

다음은 친구들이 먹을 음료수 이름과 가격을 계산한 것이다. 바르지 않은 것을 고르세요.

① 민수(콜라), 지훈(레쓰비 마일드) – 총 1,200원

② 민지(립톤 아이스티), 기진(파워에이드) – 총 1,500원

③ 예지(웰치스 포도), 범호(델몬트 매실) – 총 1,300원

④ 성훈(델몬트 사과 스퀴즈), 주영(파워에이드) – 총 1,400원

이번주 주말 평화시장이 개장합니다. 시장의 위치 정보를 보고 맞는 것을 고르세요.

평화시장		
	입구	
A+ 정육점		상인회
봄빛 서점	시장통로	아키하바 전자상가
정다운 채소가게		노량진 생선가게
아이멋져 옷가게		누나네 신발

1 평화시장에 대한 설명으로 맞는 것은?

① 평화시장은 입구와 출구가 나뉘어 있다.

② 평화시장은 통로가 두 개로 나누어 있다.

③ 정육점은 시장 입구에서 가까이 위치한다.

④ 평화시장의 상인회는 입구에서 가장 먼 곳에 있다.

2 다음 설명 중 틀린 것은?

① 정다운 채소가게에서는 오이, 호박, 가지 등을 판매한다.

② 의류를 사려면 시장 입구에서 안쪽으로 쭉 걸어 들어가야 한다.

③ 아키하바 전자상가에서는 MP3플레이어, 오디오 등을 판매한다.

④ 어제 산 신발을 교환하려면 시장 입구 들어서자마자 바로 좌측으로 가면 된다.

241

메모

메모

부록

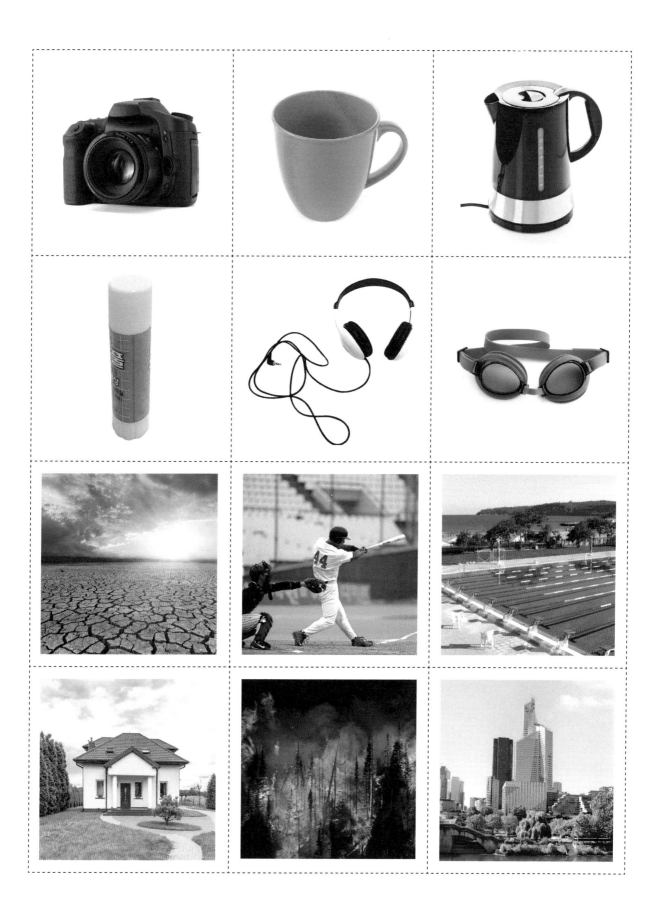

다음 박스들을 자르세요. 학생들에게 박스 안에 제시된 인물에 대해 간단히 묘사해주세요. 학생들은 역할에 맞는 실제 인물의 이름을 말하거나 역할에 맞는 일반적인 캐릭터로 연기할 수 있어요.

학생들이 그 캐릭터로 가장하여 자기 자신을 소개할 수 있도록 해보세요(단, 캐릭터 이름은 말하지 않기). 다른 학생들의 질문에도 계속 그 캐릭터인 척하며 대답해보세요. 활동 마지막에 캐릭터가 일반적으로 갖고 있는 특징을 가장 잘 연기한 사람이 누구인지 평가해보세요. (p.205)

대통령	응급실 의사	스쿨버스 운전기사
교장선생님	담임선생님	양호선생님
젖먹이 아기	군인	영양사
주식 분석가	우주 비행사	분쟁지역 기자

헤어 디자이너	가정주부	형사
가수	액션 배우	유명 작곡가
고시 준비생	패스트푸드 점원	수영 국가대표
노인	치과의사	축구대표팀 감독
경찰관	재벌 2세	뽀로로
유명 골프선수	컴퓨터 해커	중국음식 배달원

✂ 다음의 설명을 읽고, 아래의 놀이기구를 오려 알맞은 위치에 배치해 보세요.
(p.236)